이혼할 때 고민되는 것들

이──────혼
할 때
고민되는 것들

조현서 지음

**행복하기 위해 이혼을 선택할 용기가
필요한 당신을 응원합니다.**

한국경제신문*i*

행복하기 위해 결혼을 선택한다. 사랑하는 사람과 함께할 수 있
는 행복, 정신적으로 의지가 되는 사람과의 행복, 경제적 안정감
이 주는 행복 등 다양한 이유가 있다. 그러나 정작 결혼 이후 행복
한 결혼생활을 하는 사람보다 결혼하지 말고 혼자 살라고 충고하
는 사람들이 많다. 왜 그럴까? 상대에게 바라는 마음이 너무 컸던
것은 아닐까? 너무나 다른 환경에서 다른 생각으로 살아온 두 사
람이 짧은 시간의 만남으로 결혼을 하고 함께 산다는 것 자체가 모
험이 아닐까 생각한다. 각자의 마음속에는 섭섭함과 미움과 원망
이 자라고 있지만 해결할 방법을 모르는 부부들이 굉장히 많다. 그
들은 지인들과 형제자매들과 만나 푸념으로 떠벌릴 뿐 해결책을
찾지 못하는 것이다. 가장 큰 문제는 나의 기준에 맞게 상대가 변
하길 바란다는 것이다. 그러나 세상은 나 외에 변하는 것이 없다는
것을 안다면 좀 더 지혜로운 결혼생활이 될 것이라 생각한다. 그러
한 노력에도 불구하고 이혼을 결심했다면 신속하게 이혼을 준비해

야 한다.

　행복하기 위해 이혼을 선택한다. 그러나 이혼 후 더 불행을 말하거나 후회하는 사람들을 많이 만나게 된다. 이혼 후 심한 우울증에 시달리는 사람들이 많다. 경제적 어려움에 이혼을 후회하기도 한다. 다른 사람을 만났으나 전 배우자가 더 괜찮았다며 이혼을 후회한다. 익숙했던 결혼생활에서 벗어난 해방감은 잠시일 뿐 과거를 그리워한다. 이유는 준비되지 않은 상태에서 이혼을 서둘렀기 때문이다. 행복을 찾아 이혼을 원했다면 이혼에 관한 철저한 대비와 이혼 후 안락하고 윤택한 삶을 살아가기 위한 공부가 필수다. 그 중에서도 자신의 마음공부가 가장 우선이 돼야 한다고 생각한다.

　외도한 배우자와 이혼을 성공한 사람은 마음에 의심하는 병이 들어있다. 폭력으로 고통을 준 배우자와 이혼을 성공한 사람은 두려움에 대한 방어기재가 심어져 있다. 이런 여러 가지 심리장애를 자신이 알고 치유해야 진정한 홀로서기가 가능해진다. 이혼 후 가장 두려운 것이 홀로서기다. 홀로서기가 왜 두려울까? 외롭기 때문이다. 사람은 함께 있어도 외로운 존재다. 외로움을 타인으로 보상받기는 힘든 것이다. 오롯이 혼자일 때 그 외로움이 두려움의 대상이 아닌 소중한 시간임을 알게 된다면 더 멋진 삶을 창출할 수 있다.

이 책에서는 나의 두 번의 결혼과 이혼으로 겪은 심정과 미처 알지 못했던 이혼의 원인이 담겨 있다. 오로지 배우자의 잘못으로 나의 결혼생활이 짧게 끝났다고 생각했지만, 나 자신이 가진 문제가 더 컸음을 알게 됐다. 첫 이혼 후 마음공부를 통해 나의 이혼을 다시 들여다보았더라면 두 번의 이혼은 그렇게 빠르게 선택하지 않았을 것이다. 그러나 누구보다 혼자의 삶을 즐기며 진정한 행복을 맛보게 됐다. 누구보다 당신의 아픔을 위로해주고 당신의 이혼을 응원하고 코치해주려고 한다.

　이 책에서는 누구나 고민하는 것을 5장으로 나누어 이야기해 보았다. 1장에서는 이혼을 망설이는 사람들에게 행복하기 위해 이혼할 수 있다는 용기를 주었다. 이혼을 선택한 당신에게 이혼을 응원하기 위함이다.

　2장은 이혼을 고민하는 사람들은 핑계를 찾고 싶어 한다. 이혼하고 싶지만 이혼을 참아야 할 핑계로 자신의 인생을 틀 속에서 벗어나지 못하게 만드는 사람들에게 내가 해주고 싶은 이야기를 담았다.

　3장은 이혼을 선택하기에 앞서 현실적인 문제 7가지를 적어 보았다. 많은 사람들이 자녀가 없었기 때문에, 경력이 단절되지 않았기 때문에 나의 이혼이 쉬웠을 것이라 생각한다. 그러나 이혼의

무게는 저울질할 수 없는 것이다.

4장은 이혼을 선택한 사람들이 제대로 알고 준비해야 하는 것들을 담았다. 법률적 지식은 변호사를 통해 준비하면 되는 것이다. 앞서 말했듯이 후회하지 않는 이혼이 되도록 어떤 준비를 해야 하는지 나의 경험과 사례를 담았다.

5장은 이혼을 선택한 사람들에게 힘찬 응원과 축복을 주고 싶은 마음을 담아 보았다. '어떻게 살아야 하는가?'라는 질문을 많이 해본다. 삶은 정해진 답이 없다. 다만 아름다운 시절을 좀먹히고 살기엔 당신은 너무나 아름답다. 지혜롭고 더 행복한 삶을 위해 이 책이 도움이 되길 바란다.

나의 아픔이 타인에게 위로가 되어줄 수 있다고 용기와 응원을 해주신 김태광 대표님께 감사드린다. 책을 쓸 수 있는 의식의 변화를 주셨기에 무사히 집필을 끝낼 수 있었다. 글을 쓴다는 것은 치유의 방법 중 최고의 방법이라고 자신 있게 이야기할 수 있다. 마지막으로 이 책을 선택하시고 읽어주실 나의 독자들에게 사랑과 감사를 드린다.

조현서

목차

1장

우리는 행복하기 위해
이혼한다

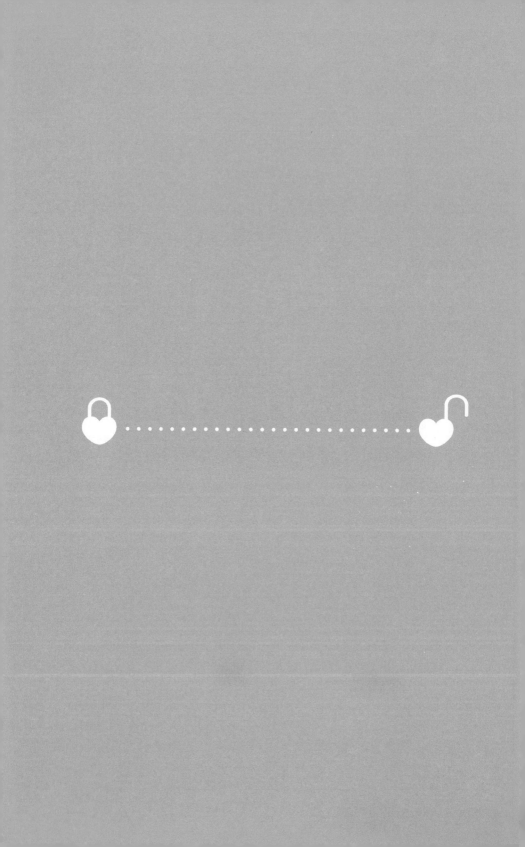

지금 당신은 충분히 행복한가?

누군가가 지금 나에게 행복하냐고 물어본다면 거침없이 대답할 것이다. "네, 너무 행복합니다"라고. 이혼 경력 두 번에 대출을 포함한 빚만 가득 안고, 몸도 성하지 않은 유기견 세 마리와 살아가는 나를 누가 진정 행복하게 산다고 생각할까? 세상은 남편 없이, 자식 없이 사는 여자를 곱게 봐주지 않는다. 결혼 전 싱글과 이혼 후 싱글은 분명 큰 차이가 있다.

행복의 기준은 무엇이기에 나는 행복하지 않아 보일까? 사랑하는 사람과 결혼을 하고, 매일 함께 저녁을 먹으며, 자녀를 낳아 키우고 있다. 50평대의 아파트에서 살고, 벤츠를 타고 부부동반 모임에도 나간다. 그러면 행복해 보일까? 남편이 사회적으로 성공했고, 어딜 가나 사모님이라는 호칭을 듣는다, 명품 가방을 들고 쇼핑다니며, 남편과 해외여행을 얼마 전에도 다녀왔다. 그러면 더 행복해 보일까?

가끔 친구들끼리 말한다. "너는 남편이 돈 많이 벌어다 주잖아, 너는 남편이랑 쇼핑도 하잖아, 너는 남편이랑 여행도 다니고, 남편이 잘해주잖아, 넌 하고 싶은 것 다 해도 남편이 아무 말 안 하잖아…" 이런 말 속에는 "그러니 너는 나보다 행복하잖아. 그 정도면 입 다물고 살아"라는 불쾌함을 포함한 속뜻이 있다. 결국 "나는 불행하다"라는 이야기다.

배우자의 폭력, 외도, 경제적 무능력, 잦은 부재, 약물중독, 성적 결핍, 도박중독…. 보편적으로 이혼하는 것이 타당한 배우자의 요소들은 아주 많다. 이러한 불행의 요소를 가진 배우자와 참고 살라고는 하지 않는다. 이혼을 응원하고 박수까지 보낸다. 그러나 드러내기 어려운 아주 사소한 결핍들이 하나씩 모여서 삶이 불행한 사람들은 어디서 어떤 위로를 받을 수 있을까?

"남편이 말을 안 해서 너무 사는 게 불행해요."
"말씀 안 하시는 것 외 다른 문제는 없나요? 혹시 손찌검을 하세요?"
"아니요."
"혹시 바람을 피우셨어요?"
"아니요."
"직장은 다니세요?"

"공무원이에요."

"그럼 문제가 되는 것은 말씀을 안 하시는 것뿐인가요?"

"네. 말을 하지 않으니 답답하고 속에서 불이 나요, 속에 뭐가 들어 있는지. 무시하는 것 같기도 하고 숨이 막혀요."

"그래서 어떻게 하길 원하세요? 이혼을 원하세요?"

"글쎄요, 어떻게 해야 할지 모르겠어요. 하루에도 열두 번씩 이혼 생각이 들어요."

이혼하고 싶은 A에게 당신은 어떤 충고를 주고 싶은가? 남편이 공무원이고 외도도 하지 않는다. 40평대 아파트에서 전업주부로 낮에는 가끔 골프를 친다. 자녀들도 크게 문제를 일으키지 않는다. 나쁘지 않은 결혼생활이다. 누구나 이 정도 조건이면 참고 살아야 하는 것 아니냐고 반문할 것이다. 남편이 말 안 하는 것이 무슨 큰 문제냐고 오히려 비난할 수 있다. 어떻게 다 가지고, 누리고 사느냐고 분통을 터트릴 사람도 있을 것이다. 너무나 배부른 소리 하는 것 아니냐고. 그러나 아내로서 사랑받고, 인정받고, 다정하게 살고 싶은 욕구가 채워지지 않는다면, 다른 어떤 것으로도 보상받을 수 없어 삶이 너무나 불행하다면 다시 생각해봐야 하지 않을까?

누구나 불행이라 인정할 만큼 심각한 문제를 가진 부부들은 고민할 필요가 없다. 무조건 이혼해야 한다. 그러나 이 경우는 참 어렵고 고민스럽다.

나는 A가 지하 10층 콘크리트 벽을 뚫고 "내 이야기 좀 들어 주세요"라고 외치는 것 같아 마음이 아팠다. 현재를 살아가는 사람 중 마음이 외로운 사람이 가장 불행이지 아닐까 하는 생각을 해본다.

살다 보면 뜨거운 사랑의 감정은 당연히 식는다. 그것은 어쩔 수 없는 자연의 이치며, 진화과정에서 만들어져 있는 남녀의 차이도 크다. 뜨겁던 사랑이 차갑게 식어 서로에 대한 존재적 가치를 느끼지 못하는 부부, 애초에 사랑 없이 조건으로 만나 서로를 이해해주려는 노력조차 하지 않는 부부, 살다 보니 가치관도 너무나 다르기에 지쳐버린 부부 등 배우자가 채워주지 못하는 공허함은 너무나 크다. 그 큰 외로움을 견딜 수 없는 사람은 외도를 선택하기도 한다. 그 공허함, 외로움이 외도하는 그들만의 정당한 이유라고 할 것이다. 외도하는 남편과 아내를 둔 배우자는 더 외롭고 고립된다. 악순환의 시작인 것이다. 이것은 외도의 문제보다, 두 사람의 관계가 온전하지 않기에 결국 서로가 가해자고 피해자라고 말하고 싶다.

결혼생활을 하는 부부의 행복조건 중 배우자의 몫은 매우 크다. 부부는 의존적 관계이기 때문에, 배우자로 인해 자존감이 좌지우지되는 것은 어쩔 도리가 없다.

둘이어서 더 외로운 사람들이 있다. 결혼은 더 행복하려고 했을 텐데, 왜 행복하다는 비명은 오간 곳 없이 피멍 든 가슴 안고 불행의 십자가를 버리지 못하고, 불행하다고 외치는 것일까?

누구나 행복할 권리도 있지만, 삶을 부여받은 자로 행복할 의무도 있는 것이다. 왜 많은 사람들이 자신을 행복으로부터 유기하는 범죄를 저지르고 사는 것일까? 행복을 포기하고 의미 없는 결혼생활을 붙들고 가는 당신은 무엇을 기대하는 것일까?

서로에게 더 이상의 기대도 할 수 없고, 애쓰고 싶은 기운도 없어져 버린 부부가 왜 함께 불행한 시간을 감수하고 있는지 안타까운 마음이다.

불행하다고 무조건 이혼을 하라고 하는 것은 아니다. 불행을 극복하기 위해서 최선을 다해 노력해야 한다. 이혼이 아닌 방법으로 불행을 극복하지 못한다면, 그 삶은 무슨 의미가 있을까? 그렇다면 이혼하면 행복할 수 있는 것일까?

이혼은 힘들고, 아프며, 고통이 따른다. 진실로 이혼을 원하는 사람도 이혼 후유증은 막을 수 없다. 익숙함과의 결별이 가져다주는 외로움과 슬픔을 견뎌야 한다. 이혼녀, 이혼남이라는 곱지 않은 타인의 시선을 견뎌야 한다. 주변에서는 "자식 봐서라도 참지! 그 나이에 이혼해서 무슨 득이 되니?"라며 속을 뒤집는다. 장성한 자식들은 혹시나 이혼한 부모가 짐이 될까 걱정도 한다. 경력이 단절된 주부라면 당장 돈이 걱정이다. 자녀가 어리다면 더 큰 문제다. 그래서 참고 불행을 끌어안고 살아야 할까?

사람은 누구나 가치 있는 삶을 살아야 한다. 결혼생활이란 나와 가치관이 맞는 배우자와 오랫동안 함께 찾은 목적지로 향하는 여행이다. 목적지도 없이 함께하는 결혼생활은 고달프다. 함께 공유할 어떤 가치관도 없이 한 이불 덮고 잔다고 내 남편, 내 아내가 아니다. 의미 없는 동거인이거나 심지어는 애정 관계가 사라져 버린 형제라고까지 표현한다. 이런 부부들을 보면 나는 마음이 무척 아프다. 오아시스 같아야 할 결혼생활이 말라비틀어진 사막이 되고, 애정에 목마르고 굶주린 껍데기뿐인 부부들을 보면 너무나 안타깝다. 불행의 쳇바퀴를 돌면서 굳이 살겠다면 도리 없지만, 조금이라도 행복을 갈망한다면 이혼을 응원한다.

내가 이혼녀이기 때문에 쉽게 이혼을 응원하는 것은 아니다. 앞에서도 언급했듯이 이혼의 과정은 매우 힘들고 후유증은 아주 크다. 나는 이혼이 무서웠다. 몇 차례 법원 앞에서 쓰러지기도 했다. 판사님 앞에서 '이혼을 못 하겠다'라고 말하며 어린아이처럼 통곡도 했다. 차라리 죽어버리는 것이 더 편할 것 같았다. 첫 번째나 두 번째나 이혼은 힘들고 아프다. 아니, 참혹하다. 그런데 이혼을 응원한다니 어불성설이라고 생각할 것이다.

단절의 과정은 분명 힘들다. 그러나 앞으로 당신이 살아갈 빛나는 날들을 그렇게 불행으로 덮어버리기엔 너무나 아깝지 않을까? 오늘은 당신이 살아갈 날 중 가장 젊다. 더는 불행으로 당신의 아름답고 소중한 시간을 낭비하지 않았으면 하는 바람이다.

두 번의 결혼과 두 번의 이혼을 하고, 홀로선 지 7년이 지나는 지금 나는 진정한 행복을 찾는 법을 배우고 있다. 인생의 목적을 찾으면 행복이 온다. 행복이 오면 삶에 기적 같은 일들이 다가온다. 나와 같은 아픔을 가진 당신들이 더는 힘들지 않기를 진정 바란다. 소중한 시간을 위해 당신도 진정한 행복을 찾는 방법을 조금이라도 일찍 만난다면, 지금 당신들의 불행을 벗어버리기는 한결 쉬울 것이다.

내가 결혼한 이유, 내가 이혼한 이유

어느 변호사의 상담 내용이다. 이혼을 앞둔 50대 초반의 아주머니가 자신의 변호사 사무실을 방문했다. 그 건물에 있는 결혼정보업체를 방문했고 마침 변호사 사무실이 옆에 있어 방문한 것이라고 했다. 변호사는 "결혼정보업체는 왜 가셨어요?" 물었더니 "이 나이까지 고생하면서 살았는데 이제는 좋은 남자 만나서 잘살아야 하지 않겠어요"라고 언짢아하며 대답했다고 한다. 만약 당신이라면 어떤 대답을 해주고 싶은가? '그래 이제는 좋은 사람 만나서 행복하세요'라고 지지해줄 것인가? 아니면 '그냥 편하게 혼자 살지, 왜 재혼을 해?'라며 반문할 것인가?

이 50대 여성은 자신의 행복을 위해 재혼을 꿈꾼다. 그녀의 행복을 나무랄 수는 없다. 하지만, 안타까운 것은 본인의 행복을 재혼으로 보상받고자 한다는 것이다. 이 여성은 첫 결혼이 남편 때문에 잘 유지되지는 못했다고 생각한다. 남편이 바깥생활이 많았고, 급기야 외도까지 했다. 부인은 배우자의 사랑을 받지도 못했고, 고생만 했다. 그래서 이혼한다. 이후 재혼하는 배우자와 행복을 꿈꾼다. 나는 의문이 생겼다. 어떤 이유로 재혼하는 배우자와 잘살 수 있다고 생각하는지. 다만 첫 배우자가 나쁜 사람이어서? 사람 보는 눈 없어 처음 선택은 잘못했지만 두 번째는 잘할 수 있을 것 같아서?

나는 첫 이혼 후 1년 만에 재혼했다. 이혼 후 깊은 절망감에 빠졌다. 세상에서 내가 가장 슬픈 사람이었다. 10년의 결혼생활이 남겨준 것은 원망과 욕뿐이었다. 사랑하는 여자가 생겨버린 남자는 아무리 헌신한 부인이라도 곱지 않다. 예전에 곱던 짓도 싫어지고, 용서되던 행동도 이혼 사유가 된다. 온갖 협박으로 이혼을 요구한다. 과정이야 어찌 되었건 그 과정에서 나 자신을 세상에서 가장 불쌍한 비련의 여주인공으로 만들어 버렸다. 누구를 만나든 비련의 여주인공이니 위로해달라는 신호를 보냈다. 술 한잔을 하다가도 눈물을 보였다. 나는 너무 착했고, 나를 희생했는데 남편의 외도와 배신으로 이혼당했다고 연민을 구걸했다. 이것이 두 번째 불행의 씨앗이 됐다.

재혼한 배우자는 동갑내기 노총각이었다. 최고의 인기 직업인 공무원이었다. 인물도 나쁘지 않았다. 아니 친구들은 나보고 또 인물 봤냐고 할 정도의 좋은 인물이었다. 이혼 경력이 있는 내가 초혼이면서 공무원이고, 인물도 좋고, 명석한 두뇌를 가진 남자를 거부할 이유는 없었다. 감사할 일이었다. 그런 조건의 사람이 이혼녀와 굳이 결혼할 이유가 없었다.

다만 두 사람의 성격에는 약간 문제가 있었다. 나는 비련의 여주인공에서 벗어나지 못한 상태였다. 커다란 피해의식이 나를 잠식해 있었다. 그래서 나를 위로하고 다독여주고 무조건 나를 위해주길 바랐다. 반면 재혼한 배우자는 두 번의 실패를 하지 않기 위해 내가 더 많이 참고 노력해줄 것이라 생각했다. 짧은 교제 중에 여러 번의 다툼이 있었다. 그럴 때마다 나는 너무나 쉽게 "이럴 거면 그냥 헤어지자"라는 말을 항상 먼저 했다. 그러면서 나는 언제든 끝낼 준비가 된 사람처럼 굴었고, 그 사람을 불안하게 만들었다. 불안은 집착이 됐고 그는 급하게 결혼을 선택했다.

우린 결혼을 결정하고도 진정한 대화를 나누지 않았던 것 같다. '결혼하면 지금보다 나아지겠지'라며 각자의 상상력으로 결혼한 것이다. 두 번째 결혼생활은 더는 희생하지 않겠다는 나의 의지가 그대로 나타나 버렸다. 함께 배려해야 하는 모든 일이 나에게는 희생처럼 느껴졌다. 조금만 언성이 높아져도 나는 민감하게 반응했다. 그러면 배우자는 더 민감한 반응을 보였다. 서로를 탓하며 상대방이 먼저 다정해지기를, 먼저 위해주기를 바랐다. 그나마 주말 부부여서 다툼은 일주일에 한 번이었다.

결혼 2년이 훌쩍 지나 우리는 주말부부를 끝냈다. 한집에 살면서 본격적인 싸움이 시작됐다. 매일매일 싸움의 연속이었다. 그리고 싸움의 수위가 높아져 폭력이 오갔다. 나도 죽기 살기로 발악을 해댔다. 경찰을 불렀고, 진단서도 끊고 참 별 짓을 다 했다. 그 사람은 공무원이기에 매번 싸울 때마다 내가 경찰을 불러대니 인생 망칠까 두려웠을 것이다. 나는 겁에 질려 있었기 때문에 이혼이 절실했다. 그리고 이혼을 했다.

첫 이혼은 죽을 만큼 힘들었고 죽고 싶다는 마음뿐이었다. 그러나 두 번째는 내가 이혼을 요구했다. 아무런 준비 없이 그저 상대방으로부터 모든 걸 보상받겠다는 도둑심보로 한 결혼생활은 온전할 수 없었다.

누구나 불행했던 삶에 대한 보상을 다른 사람으로 받고자 한다. 드라마에서는 늘 그랬다. 상처받은 이혼녀에게는 멋진 실장님이 나타나 인생 역전으로 보상을 준다. 나는 두 번의 이혼 후에도 그 마음을 멈추지 않았다. 재혼으로 불행을 보상받을 수 없다는 것을 두 번의 이혼 후 깨달아야 했다. 두 번의 이혼 후 나는 스스로 더욱 비련의 여주인공이라며 불쌍히 여겼다. 두 명의 배우자는 내 인생의 최악의 악당들이었고, 나는 너무나 불쌍한 착한 여주인공이란 설정에 더 깊이 빠져 버렸다. 나에게 문제가 있었다는 생각은 전혀 못 했다. '자아성찰' 그런 것이 필요하지 않았다. 나는 피해자라고 생각했기 때문이다.

"왜 이혼했어요?"라는 질문을 받으면 나는 한번은 배신이고, 한번은 가정 폭력이라고 했다. 그래서 나는 피해자며 불쌍한 사람이라고 위로해달라고 구걸하는 짓을 그만두지 않았다. 또 다른 누군가로부터 보상을 기다렸다.

이혼 후 두 번의 연애를 했다. 나는 연애하는 동안 아낌없이 퍼주었다. 지나치게 희생하는 듯 모든 것을 다 내주면서 연애를 했다. 그러다가 상대의 작은 실수나 거짓된 행동을 보면 병적으로 분노를 참지 못하게 됐다. 재혼 후 격렬한 싸움 덕분에 나는 완전히 싸움닭이 됐다. 가족들에게도 마구 쏘아댔다. 연애하는 사람에게도 분노 조절이 안 됐다. 첫 결혼 전의 나는 그나마 다정했다. 분노라는 감정이 없었다. 그저 토라져 말하지 않고 기분을 풀어주기를 기다렸다. 그리고 다독여주면 마지못해 풀고는 사랑을 확인하는 그나마 순한 사람이었다. 그랬던 내가 갈수록 거칠어졌다. 엄마는 이런 내게 걱정이 많았던 것 같다. 운전하다가도 분노하고 거침없이 욕을 했어도 선뜻 야단도 못 치셨다. 너무나 변해버린 딸을 보며 눈물을 삼켰던 것 같다.

나는 가끔 생각해본다. 만약 첫 이혼 후로 돌아간다면 어떻게 할 것인가? 미치도록 원망하고 나를 불쌍히 여기며 보상받기에 급급할 것인가? 불과 3개월 전까지 나는 그렇게 할 사람이었다. 나는 착하게 살았다고 생각했다. 착하게 살면 복을 받을 것이라 확신했다. 착함의 정의는 없이 그저 내 기준으로 만든 '착함'이다. 나는 복이 오는 짓이라는 것은 모조리 따라 했다. 귀인 만나는 법, 돈 들어오는 집 만들기, 성공하는 일기쓰기, 시크릿 등….

나라는 '꼬라지'는 그대로인데 외부로부터의 보상만 그렇게 바라고 살았다. 인생이 갈수록 더 엉망진창 되는 것 같았다. 심지어 내가 누구이며 왜 살아야 하는지, 왜 태어났는지에 대한 의문으로 정신이 아득해졌다. 미친 사람처럼 "왜!"라는 질문을 밤새 외쳤다.

불면증으로 술을 마셔야 했다. 출근이라도 해서 돈 벌려면 그렇게라도 해서 잠을 자야 했다. 이렇게 온 정신이 나락으로 끝없이 추락할 때, 지금의 스승을 만났다. 많은 방황 끝에 마음공부를 만났다. 나를 돌아보기 전 세상이 왜 불공평한지 알게 됐다. 내가 만들어놓은 세상에서 내가 그렇게 조금씩 움직이기 시작했다. 그러면서 차츰 분노로 가득 찼던 나의 마음에 조금씩 숨쉴 틈이 생기기 시작했다. 책을 쓰면서 나를 생각해봤다. 스물여섯 첫 결혼부터 지금까지 이십여 년의 순탄치 않은 세월을 만든 것은 나 자신임을 알게 됐다. 내가 가진 문제를 이제야 마주 보게 됐다. 참 안타깝고 아까운 시간이다. 그러나 나에게 남은 날을 생각해보면 다행이다.

'판단력이 흐려지면 결혼하고, 이해력이 떨어지면 이혼하고, 기억력이 떨어지면 재혼한다'라는 말이 유행이다. 참 맞는 말이다 싶었다. 사랑에 빠진 남녀의 뇌에서는 '도파민, 엔돌핀' 등 환각제와 비슷한 물질이 분비된다고 한다. 이런 호르몬이 사랑을 더욱 부채

질해 눈도 멀게 하고 사고를 마비시킨다. 그렇게 뇌가 마비된 상태로 결혼하고 살다가, 어느 순간 정상적인 뇌가 가동되고 현실은 참 어려운 숙제들 연속임을 깨닫는다. 어찌 됐든 이혼을 했다면 기억력이 떨어지기 전 자신을 돌아보는 진정한 시간이 필요한 것 같다. 진정한 자기 반성과 마음공부 없는 사람은 첫 아픔 후 두 번째의 아픔을 준비하는 자와 같다. 사람에게 받은 상처는 결국 사람을 통해 치유된다는 말이 있다. 그 치유는 타인으로부터 보상받는 것이 아니다. 치유를 해주는 사람은 자기 자신임을 말한다. 누구도 나처럼 보상의 의미로 결혼을 선택하는 사람이 없기를 진심으로 바란다.

당신은 지금 사랑받고 있는가?

　첫 이혼 후 가진 직업이 '체형관리숍'의 상담 실장이었다. 상담만 하는 것이 아니라 가끔 서비스 차원에서 관리실에 들어가 마사지를 할 때가 있다. 누워서 쉬는 고객에게 가벼운 마사지를 하며 이런저런 이야기를 많이 나눈다. 체중을 감량하시는 분들의 식단 관리와 체중감량 시 나타나는 여러 불편한 심정들을 헤아리기 위해서다. 고가의 관리다 보니 세심한 관리가 필요했다. 이런 과정에서 고객과의 친분이 생기고, 가정사도 이야기를 많이 나누게 된다. 직장과 고객에게 나는 30대 후반의 노처녀로 알려진 터라 "어떻게 시집도 안 간 처녀인데 이렇게 대화가 잘 통할 수 있냐?"라고 종종 이야기한다. 나는 속으로 '이혼녀라 도움이 되는 것도 있구나'라고 생각하기도 했다.

　내가 근무한 체형관리숍에는 반복되는 다이어트와 요요현상 덕분에 도저히 어쩔 수 없을 만큼 좌절감을 안고 오시는 고객도 많았다. 상담 중에 '제발 체중을 감량시켜 달라'고 눈물을 보이는 고객도 있다. 다이어트가 의지로 되는 분들은 행복한 분들이다. 그런 의지를 가진 분들이 매번 다이어트에 실패하는 분들을 비난해서는 결코 안 된다. '적게 먹고 운동하면 되지'라고 생각하는 분들이 많다. 체질이라는 것은 보편적인 것에 다 맞아떨어지지는 않는다. 유전적인 현상도 있고, 심리적 현상도 크기 때문이다.

3년을 근무하면서 가장 기억에 남는 분이 있다. 그분은 요요현상으로 더 이상의 다이어트를 할 의지도 남아있지 않았다. 절실한 마음으로 시키는 대로 하겠다는 서약서까지 적고 매달리신 분이셨다. 관리 2개월 동안 어떤 분보다 노력을 많이 하셨다. 관리 원칙 중 가장 중요한 것은 굶는 것을 금지하는 것이다. 그래도 빠른 효과를 보시려고 굶으시는 날도 있었다. 저혈당으로 몇 번을 쓰러지시고 난 이후 더는 굶지 않겠다는 약속을 했고 정상적인 관리가 가능했다.

나는 심리적인 안정감을 위해 상담을 자주 했다. 2주가 지날 때쯤 고객들은 대부분 예민해진다. 가끔 폭식도 한다. 그러면 고객들을 달래기도 했다가 화도 내야 한다. 심한 경우는 환불까지 했다. 끝까지 손 놓지 않고 나를 믿고 따라와 주시는 분들은 대부분 원하시는 것 이상의 효과를 보셨다. 이분도 2개월 동안 하루를 빠지지 않고 열심히 노력했고 18kg 이상 감량을 하셨다. 이후로

운동을 병행하면서 좀 더 많은 체중을 감량했다. 요요현상을 여러 번 겪었기에 안심할 수는 없었지만 함께 기뻐했다.

　어느 날 멋진 원피스를 입고 찾아오셨다. 우리는 감동으로 할 말을 잃을 정도였다. 차 한잔 권했고 상담실에 앉아 이야기를 나누시던 중 눈물을 보이셨다. "왜 우세요? 이렇게 예쁘게 멋내고 오셔서 기뻐서 우시는 거예요?", "아니요, 오늘 남편이랑 둘이 외식하고 왔어요", "그런데 왜 우세요?", "살이 찐 이후 남편과 나란히 걸어본 적 없었어요. 남편은 항상 앞서갔고 애들이 함께 있든 없든 나는 뒤를 따라갔었어요. 내가 뚱뚱하다고 무시하고, 창피해했어요. 오늘 축하한다고 외식을 하자고 하더군요. 처음 나란히 걸었어요. 팔짱까지 꼈어요." 그분은 갑자기 서럽게 우셨다. 나는 적잖이 당황했다. "내가 뚱뚱할 땐 그렇게 부끄러워하고, 무시하다가 내가 살이 빠지니까 옆에 있는 남편이 너무 미워요. 갑자기 너무 서러워져서 실장님 찾아온 거예요. 더 관리 잘하고 멋지게 다닐 거예요. 그리고 남편 무시할 거예요." 나는 한동안 어떤 말씀도 드릴 수 없었다.

　뚱뚱하다고 무시하거나 창피해한다는 생각을 남편이 직접 얘기한 적이 있었을까? 아니면 본인 스스로 그렇게 생각을 한 것일까? 배우자의 외모가 마음에 들지 않거나 변하길 바란다면 존중하는 태도로 진솔한 대화를 하길 바란다. 그런 노력 없이 일방적으로 감정을 표현하고 상처를 준다면 관계는 어떠한 것으로도 회복할 수 없게 된다. 부부가 서로를 존중할 수 없다면 남은 인생을 함께한다는 것은 귀한 시간을 허비하는 것이다. 어떤 이유든 존중이라는 기본은 절대 무너져서는 안 된다. 그러나 앞선 사례는 스스로 뚱뚱하고 못났다고 세뇌하고 있었던 것은 아닐까? 모든 상황을 '내가 뚱뚱해서 무시한다. 창피해한다'라고 결론을 내린 것이라는 생각이 들었다.

처음 만났을 그때 그녀는 어두웠고 뚱뚱한 자기가 싫어서 내게 울고 맹세까지 하지 않았던가. 뚱뚱하다고 예쁘지 않은 것은 아니다. 고객 중 체중이 100kg 육박했던 아가씨가 있었다. 그러나 그녀는 항상 당당했다. 늘 머리는 세팅돼 있었다. 손톱도 멋있게 꾸몄다. 일반 옷은 맞지 않는다며 해외 사이트에서 예쁜 옷들을 골라 사 입었다. 한번도 늘어진 티셔츠, 늘어진 고무줄 바지를 입은 그녀의 모습을 본 적이 없었다. 그녀의 연인은 멋있었고 친절했다. 그녀는 뚱뚱한 게 창피해서 온 것이 아니라 건강을 위해 부모님이 관리를 부탁하신 것이었다. 어떤 생명이든 예쁘고 아름다운 것에 마음이 끌리는 것은 자연의 섭리다. 절대적인 아름다움의 기준은 없지만, 그녀를 보며 세상에서 가장 아름다운 모습은 당당함으로 밝게 빛나는 모습이 아닐까 생각했다.

근무 당시 그분의 이혼 소식은 전해 듣지 못했다. 만약 이혼했더라도 본인 스스로 인정하는 모습을 찾기 전까지 품었을 남편에 대한 원망, 미움 등이 섣부른 이혼의 원인이 되지 않았기를 바란다.

누구나 사랑받기를 원한다. 특히 배우자는 나만을 사랑해주길 바란다. 나를 사랑하지 않는 배우자와 산다는 것은 너무나 슬프고, 화나고, 속상한 일이다. 그 사랑이 식은 이유가 어떤 것이 됐건 슬픈 현실인 것이다. 작은 행동 하나하나에 이유가 생긴다. '무시당했다'라고 생각 드는 순간 불행해지는 것이다. 사랑받는다는 것은 어떤 것인가? 무엇으로 사랑을 받는다고 증명하는가?

나는 첫 배우자와 시아버지를 모시고 살던 그때, 사랑을 참 많이 받았다고 생각했다. 내가 스스로 알아서 잘하니 불편함 없었을 것이다. 직장생활을 하며 독박으로 살림살이를 했다. 병든 아버지 말동무도 되어드리며 싫은 내색 없이 즐겁게 지냈다. 제사도 즐거운 마음으로 준비했다. 맏며느리는 아니었지만 상관없었다. 술 마시고 새벽에 귀가하는 남편에게 싫은 소리 한번 낸 적 없었다. 나 하나로 인해 모든 불편함이 정리됐다. 그래서 그들은 나에게 친절했다. 다정했다. 나는 사랑을 받은 것인가? 필요에 충족된 사람이었을 뿐이다. 고마운 사람일 뿐이었고, 고마움이 다하면 끝이 나는 관계인 것이다.

아직 젊은 당신은 아이의 엄마다. 집안 살림을 맡아서 한다. 가끔 성욕을 채워준다. 필요한 사람이다. 아이가 자라서 엄마의 손길이 필요하지 않다. 당신은 늙어 매력적이지 않다. 살림은 몇만 원이면 청소업체에서 나와 당신보다 더 깨끗하게 치워준다. 당신 사랑받을 자신 있는가?

조건이 사라지면 사랑도 변질된다. 이렇게 외부에서 받을 수 있는 사랑은 무한할 수 없으므로 더 갈망하게 되는지도 모른다. 가끔 뉴스에서 변하지 않는 사랑의 감동적인 스토리가 나온다. 그들이 말하는 사랑은 서로에 대한 희생이다. 상대의 희생을 원하는 것이 아니라 희생으로 상대방을 지켜주고 싶은 마음이다. 운이 좋아 나의 희생을 배우자의 희생으로 보상받기에 오랫동안 감동을 준다. 그러나 사람은 대부분 이기적이다. 받기를 원한다. 당신 역시 사랑받기를 원하지 않는가? 당신의 배우자가 외도하더라도 당신은 배우자에게 사랑을 줄 수 있는가? 나를 사랑하지 않는데 어떻게 사랑을 줄 수 있을까? 돈 주고 물건 받는 것은 장사다. 많은 사람이 사랑 장사를 한다.

절대적이며 무한한 사랑은 오직 '자기애' 뿐이다. 당신이 스스로 사랑함으로써 외부의 사랑에 민감함이 사라지게 된다. 세상에서 가장 아름다운 당신 모습에 황홀해질 것이다. 당신이 가장 행복하다고 느끼게 된다. 누군가의 거센 비난이 와도 나를 무너뜨릴 수 없다. 오히려 세상에 넘쳐나는 당신의 사랑을 나누어주고 싶어질 것이다. 사랑하는 당신을 좀 더 멋있게 살 수 있도록 당신이 인생을 주도하게 된다. 나는 나를 사랑한다는 것이 무엇인지 몰랐기에 사랑받을 수 있는 행동을 했다. 사랑이 아니라 고마운 사람이었을 뿐임을 모든 것이 사라진 후에 알았다. 내가 진정으로 '나'를 사랑했다면 그런 결혼을 하려고 하지도 않았을 것이다. 그들은 내가 아니어도 충분히 행복할 수 있었다. 내가 아니어도 잘살 수 있었다. 나로 인해 그들이 행복했다고 단정 지을 수 없음을 이제야 깨달았다. 상대가 친절해서 나를 사랑한다고 생각하는 어리석은 마음은 이제 버려야 한다. 누구도 나를 사랑할 수 없다. 당신이 있어 충족되는 조건이 있기에 사랑이라는 이름으로 붙잡을 뿐이다. 이 세상에 당신에게 진정한 사랑을 줄 사람은 오직 당신뿐이다. 결혼을 준비하는 사람이건, 이혼을 생각하는 사람이건 당신을 사랑하는 마음이 최우선이 돼야 한다. 자신을 사랑하는 것과 이기적인 것과는 분명한 차이가 있다. 좋은 것을 먼저 취하는 마음이 아닌 '나'자신을 누구와도 비교하지 않고 오롯이 그대로 인정해주는 마음을 갖기를 바란다. 그리고 결정해도 절대 늦지 않다.

기운 빠지게 하는 배우자와 산다는 것

　'체형관리숍'에서 근무할 때 재혼을 했다. 나는 일이 재미있었다. 단순히 체중감량만 하는 것이 아니다. 각자의 체질에 맞는 식단관리를 해야 한다. 정체기가 왔을 때 심리적인 안정감을 주기 위해 상담을 한다. 조급해지는 고객들을 설득해야 한다. 정해진 기간에 원하는 만큼의 목적이 달성되면 고객이 만족하는 모습에 나는 더 큰 보람을 느꼈다.

　나는 일에 더 욕심이 났으며 좀 더 전문적으로 공부를 하고 싶었다. 이 일을 시작한 지 3년쯤 되어갈 때 남편은 '내가 하는 일이 비전이 있다고 생각하냐'고 물었다. 나는 일에 만족하고 매력을 느끼고 있었기 때문에 '계속 이 일을 하고 싶고 공부도 하고 싶다'라고 했다. 관련 학과가 있는 대학원까지 알아보고 교수님도 만나봤다. 그리고 남편에게 대학원에서 공부하고 싶다고 했다. 그때 나를 쳐다보던 그 눈빛 기억하고 싶지도 않다. 너무나 한심하다는 그 눈빛. 그런 일 하면서 무슨 대학원까지 생각하냐는 것이었다. 10년 후, 20년 후를 생각 해보라고 했다. 다음날 공무원 시험을 준비하라며 이것저것 자료를 준비해 왔다. 나는 공무원을 하고 싶다는 생각을 한 번도 하지 않았다. 남편은 내가 공무원이 되어야 퇴직연금을 받으며 노후를 편하게 살 수 있다고 했다. 65세 이후 연금으로 안일하게 살고자 하는 그 생각이 너무나 싫었다. 남편 직장 동료들은 부인의 직업에 관심이 많았다. 부인의 돈벌이 정도에도 관심이 아주 많다. 남편은 나를 공무원으로 만들어 사람들에게 부러움을 받고 싶어 한다고 생각했다. 내가 무엇을 하고 싶은가는 완전히 무시된 것이다. 첫 결혼생활 때 대학원 등록금을 시아버지 폐암 치료비로 사용하고 1년 동안 그 치료비가 만만치 않아 대학원은 포기해야 했다. 그때 참 힘 빠지고 속상했었다. 착한 며느리 하느라 나의 꿈을 접었다. 이제는 남편이 싫어한다는 이유로 꿈을 접어야 했다. 참 힘 빠지게 하는 남편들만 만났다.

나는 꿈을 정해 본 적은 없다. 다만 내가 하는 일을 더 잘하고 싶었고, 일 욕심 덕분에 배움의 갈증을 늘 느끼고 살았다. 재혼 당시 나도 남편도 돈은 없었다. 매매가에 70%를 대출받은 18평 아파트에서 살았다. 남편과 친하게 지내는 지인들에 비하면 우리는 턱없이 부족한 살림이었다. 사십이란 나이에 너무 가진 것이 없었다. 넉넉한 살림살이를 하는 주변 사람들을 보면서 불안을 느꼈을 것이다. 보통은 아내들이 경제적 문제에 더 민감할 텐데, 내가 둔감하니 배우자가 더 민감할 수밖에 없는 것이었다.

공무원 시험을 준비하기 위해 직장을 그만두었다. 적성에 맞지도 않은 공부를 시작했다. 하루를 오직 책과 동영상을 보며 지내야 했다. 운이 좋아 공무원이 되더라도 18년 정도 근무 가능했다. 내가 준비한 시험은 '영어 과목'이 없는 시험이라 그렇게 부담스럽지는 않았다. 공부가 문제가 아니라 내가 하고 싶은 일이 아닌데 생계를 위한 돈벌이를 꼭 배우자가 원하는 일로 바꿔야 한다는 것이 커다란 스트레스였다. 당연히 공부가 잘 될리 없었다. 지금 내가 하는 일을 10년이라도 꾸준히 한다면 난 더 큰 성공을 할 수 있을 것 같은 착각에 빠질 만큼 일이 재미있었다. 그러나 퇴근하면 밤 11시가 넘는다. 일요일만 쉬는 직업이라 공무원인 남편은 그것도 불만이었기 때문에 분란을 만들고 싶지 않았다. '나의 직업도 인정해주지 않을 거면서 왜 나랑 결혼을 한거지?' 속으로 불만이 싹트고 있었다. 책상머리에 앉아서 '내가 왜 이러고 있어야 하는가'라며 아까운 시간을 그렇게 보냈다.

내 삶이 재미없어지고 함께 생활하는 공간이 감옥 같았다. 내가 잘하는 일에 응원을 받아본 기억은 없다. 내가 잘하는 일은 배우자의 성에 차는 일이 아니었기 때문이다. 참 힘 빠지는 나날을 보냈다.

공부하는 집에 남편은 종종 후배들을 데리고 왔다. 후배들에게

"형수 예쁘지?", "형수 공부한다. 곧 공무원 될 거야" 나는 남편의 자랑거리가 되어주었다. 남편과 후배가 술기운으로 기분이 많이 좋아보이는 어느 날 거실에서 남편과 후배가 'OO부서 A양'과 소고기 먹은 이야기를 신나게 떠들어댔다. '남편이 후배들에게 소고기 등심을 사줬구나'라고 가볍게 생각했다. 어울려 다니는 직원들 중 총각이 몇 명 있었기 때문에 크게 신경 쓰이지는 않았다. 가끔 A에 대해 남편에게 물어보면 대수롭지 않게 "못생긴 앤데 우리 노는 데 끼고 싶어 한다"라고 동호회 여자 회원 이야기하듯 나에게 말했다. 나는 어떤 혼성 모임이던 여자, 남자의 모임으로 색안경 쓰고 속상해하지는 않았다. 나도 결혼 전 남자 지인들과 편한 모임을 가져 보았고 이성을 떠나 사람이 우선이라고 생각했기 때문이다. 물론 결혼 후 나는 그럴 수 없었지만. 그 패거리들은 자주 신나게들 어울렸다. 남편은 신용카드로 후배들과 여직원들에게 아낌없이 사랑을 전했다. 돈을 얼마나 사용했건, 외도를 했든, 안 했든 관심이 없었다. 다만 남편은 신나고 즐거울 때 나는 남편을 위해 나의 일을 접었다는 것이 더 화가 났다. 나를 위한 일이 아닌 남편이 원하는 직업을 가지기 위한 공부가 희생이라고 생각했다. 나의 마음 깊은 곳에서 또 하나의 원망이 단단히 다져지고 있었다.

미술 학습지 교사로 함께 일하던 주부 15년 차 실장은 남편 욕을 그렇게 해댔다. 눈만 마주치면 남편 욕이었다. 장마라 날씨도 꿉꿉하고 기분도 살짝 뒤숭숭한 날, 어김없이 그 실장은 커피 한잔 들고 남편 욕을 시작했다. 매일 듣다 보면 오늘은 또 무슨 속상한 일이 있었나 싶어 궁금증을 가지게 된다.

"오늘은 아침에 씻으러 화장실에 들어갔는데 변기 옆으로 누런 소변들이 튀어 있어 남편에게 이제 앉아서 소변을 보라고 쏘아붙였다"라고 했다. 나도 맞장구를 쳤다. 실장 남편은 "내 집에서 내가 어떻게 오줌을 싸던 무슨 상관이야"라고 했고, 화장실 청소문제로 다툼이 이어지다 남편이 갑자기 나가버리는 것으로 끝났다고 한다. 듣기만 해도 온몸의 기운이 쫙 빠져나갔다. 그러나 어느 가정에서든 이런 다툼은 있을 것이다. 실장의 이야기를 들으면서 '이 부부는 대화가 아니라 원망이 먼저'라는 생각을 했다. 15년을 같이 산 남편도 이렇다.

부부는 이런 사소한 일로 이혼을 결심하지는 않는다. 다만 이런 사소한 일들이 해결되지 않고 끝나버리면, 두 사람 모두 그날의 속상함은 자신의 내면 창고에 차곡차곡 저장된다. 그리고 배우자에 대한 왜곡된 모습을 만들어내는 데 일조한다. 좋았던 시절 사랑했던 시절은 모두 지워지고 불친절한 남편, 사나운 아내, 답답한 남편, 잔소리쟁이 아내, 나를 무시하는 남편, 피곤한 아내 등등. 결국 '나는 불행하다'로 결론이 난다.

힘이 빠진다는 것은 그 사건이 크고 작고의 문제는 아니다. 내가 그 사건으로 인해 얼마만큼의 에너지를 낭비하는가에 따른다고 본다. 내가 가진 에너지가 크다면 사소한 일들로 빠지는 에너지에 커다란 손실은 없다. 가끔 엄청난 일에도 무시하는 태도로 일관할 수 있는 탄탄하고 기운 가득 찬 내공을 가진 사람들을 보면 대단하다는 말밖에 나오지 않는다.

그런 내공을 가진 사람 중 나는 요리연구가 '빅마마' 이혜정 선생님을 존경한다. 워낙 방송에서 시댁과 남편의 지난날 이야기를 많이 했기에, 대한민국 주부들이라면 대부분 알고 있을 것이다. 그분의 강연을 듣다 보면 원망이나 속상함을 토로하는 것이 아니라 그분이 살아온 지혜를 알려 주고 있음을 알게 된다. 어떤 외부의 공격에도 기운을 빼앗기지 않았다. 스스로 다듬고 있었다. 스스로 개척하는 능동적인 인생을 살았다.

글을 쓰면서 나의 과거를 다시 돌아보게 됐다. 나의 진로를 진심으로 걱정해주고 넉넉하지 않은 살림에 1년이 되었든 2년이 되었든 지원을 해주려던 남편이었다. 나의 좁은 마음에 원망으로 보냈던 그 시간 조금이라도 감사했더라면, 그리고 최선을 다 해봤더라면, 공무원이 됐을까? 공무원이 되지 못했더라도 화나고 원망 가득한 마음은 끌어안고 살지 않아도 되었을 것이다. 좀 더 남편을 이해하고 사랑할 수 있었을 것이다. 피해의식이 더 커지는 결과는 막을 수 있었을 것이다.

결혼생활이란, 너무 다른 사람들이 만나 서로를 다듬어가는 과정이라고 생각한다. 서로가 다듬어질 수 없다면 그 결혼은 무의미한 시간 낭비일 뿐이다. 다듬어진다는 것을 길들여진다는 피해의식으로 느낀다면 결코 행복할 수 없다. 내가 그러했다. 불행을 박차고 행복하겠다고 선언했다. 그러나 피해의식이 가득 찬 나는 진정한 행복을 맛보기까지 오랫동안 힘들고 아팠다. 가장 행복한 이혼은 나라는 사람이 온전히 나일 때 가능한 것이다.

부부 간의 성생활은 매우 중요하다

대학교 2학년 때, 한 친구와 나는 학교보다 더 자주 가던 카페가 있었다. 부산의 광안리 해수욕장 초입 부근 작은 카페였는데 테이블 서너 개뿐이었다. 사장님 부부는 나이 차가 있어 보였고 남편은 일본인, 아내는 한국인이었다. 매일 그곳에서 하루를 보냈다. 과제가 있어도 그곳에서 했고, 수업을 빠지고 싶은 날도 그곳에 갔다. 넓은 창 너머 지나다니는 사람들 구경이 그땐 그렇게 재미있었다. 대학 진학 이후 꿈이 없었기 때문에 하루하루 그렇게 시간을 죽이는 재미에 빠져 있었다. 가끔 늦은 시간까지 시간을 죽이는 날은 사장님 내외와 술도 한잔씩 했다. 그분들의 러브스토리를 듣는 재미도 있었다. 남편은 부인을 소개로 만나 첫눈에 반해 일본에 가족들을 두고 한국으로 왔다고 했다. 그 가족이 전처를 말하는 것인지 부모 형제를 말하는 것인지는 물어보지 않았다.

서툰 한국말로 자신은 부인을 너무 사랑한다고 했다. 부인은 아담한 체구에 쌍꺼풀 없는 눈, 귀엽게 생긴 외모였다. 늦은 나이에 만나 자녀는 없다고 했다. 늘 함께 카페에 있었고 볼 때마다 다정한 연인 같았다. 남편은 우리가 가면 부인 쪽으로 손짓하며 "예뻐요"라며 애정을 마구 과시했다. 부인은 그곳에 오는 단골들과도 잘 어울렸으며, 가끔 연애상담, 고민상담도 해주었다.

6개월 이상을 그곳에서 보냈다. 그해 겨울 방학 아르바이트를 하면서 그곳은 자연히 멀어지게 됐다. 1년이 훌쩍 지나 사장님 부부가 궁금했다. 친구와 그 카페에서 만났다. 우리를 반겨 주신 분은 남편뿐이었다. 너무 반가워서 서로 안부를 주고받았다. 한참이 지나도 부인이 오지 않아 "오늘은 부인께서 나오지 않나 봐요?" 물어보자 사장님 슬픈 표정 지으시면서 "없어. 나빠"라고 했다. 직감에 이혼한 듯 했다. 사장님은 바쁜 시간이 지나고 우리 곁에 오시더니 "떠났어요. 나쁜 여자야. 나 버렸어"라며 손으로 눈이 맞았다는 시늉을 보였다. 여자 사장님이 남자 단골손님과 눈이 맞아 자신을 버렸다는 말이었다. "이혼하신 거예요?" 물었더니 "아니. 떠났어"라고는 우는 모습을 보였다. 단골이었던 우리도 마음이 좋지 않았다. 부부들의 속사정은 모르는 법이다. 모든 것 버리고 일본에서 한 여자만 믿고 왔다가 2년 만에 버림받은 남편. 외도라는 것은 남자의 전유물 같이 느껴지던 시절이었기에 그 부인의 행보가 놀랍기만 했었다. 옛 추억을 쫓아 왔다가 그 추억이 유쾌하지 않아 이후 그곳은 가지 않았다.

그곳에 자주 다니던 지인들을 가끔 만나면 부인 이야기는 단골 메뉴로 화제가 됐다. 부인이 눈이 맞은 남자 단골손님은 머리가 벗겨지고, 배가 나온 아저씨였다고 했다. 20대 젊은 우리는 전혀 호감이 안 가는 외모의 아저씨를 그녀는 왜 사랑한 건지 알 수 없었다. 부인은 우리에게 일본인 남편이 다정하게 잘해 준다고 매일 노래를 했었는데.

스물일곱에 혼인신고만 하고 경산에 새 보금자리를 얻었다. 나는 미술학원에서 강사로 일을 시작했다. 나는 학부모들과 쉽게 친해졌고 많은 상담을 해주었다. 남의 집 가정사까지 미주알 고주알 내게 이야기하는 분도 계셨다. 한 학생 어머니는 "요즘 집 분위기가 좋지 않아서 집에 있기 힘들어요. 기다렸다가 애도 데리고 갈까 싶어 학원에 왔어요"라고 이야기를 꺼냈다. 무슨 일이 있냐 물으니 형님이 바람이 나서 집을 나가 집이 난리라고 했다.

그 집은 소문난 부자였다. 시아버지는 큰 공장을 운영하고 있었다. 시댁에서 형제가 함께 살면서 아버지 밑에서 일을 함께했다. 한 달 전 형님의 아내가 가출했고, 수소문 끝에 찾아간 곳이 집 근처 정비소였다고 했다. 시댁이 그 지역 유지라 많은 사람들과 알고 지내면서 자연스럽게 모임도 많았다. 한 모임에서 형님의 아내는 술에 취했고, 그 자리에 참석했던 정비공장 기사님과 불륜을 저질렀다고 했다. 이후 지속적으로 기사와 만남을 가졌고, 결국 가출까지 했다 한다. 시아버지는 이혼은 절대 안 된다며 그녀를 찾아내서 집으로 끌고 갔다고 했다. 형님의 아내는 기회만 되면 가출을 했고 그 정비기사의 기숙사에 숨어 있었다고 했다. 부잣집 사모님이 왜 정비공과 바람이 났을까?

나의 신혼생활은 경제적으로 넉넉하지 않았다. 돈이 많은 것에 대한 동경이 있었던 나는 이해가 안 됐다. "정비기사가 잘생겼나 봐요?" 너무 잘생겨 한눈에 반했나 싶어서 물었더니 "아니요. 키도 작고 기름때 줄줄 흘리는 못생긴 아저씨예요. 바람이 나도 사람 봐가며 나던지 동네 망신스럽네요"라고 말한다. 남의 집 시끄러운 일은 왜 그렇게 호기심이 생기는 것일까? 선생이란 체면 때문에 그 정도에서 수업 핑계를 대며 자리를 옮겼다.

이후 다른 학원으로 이직을 했다. 유치원처럼 운영이 되었고, 각 반의 담임이 있었다. 학생들도 많았고, 행사도 많았다. 원장님의 지인이라는 학부모는 매주 한 번씩 학원을 방문했다. 학생 어머니는 수줍음이 많았고 다소곳했으며 선생님들께 매우 깍듯했다. 엄청난 땅 부자라고 했다. 아이 상담을 위해 부부가 함께 학원을 자주 방문했다. 해가 바뀌고 근무하는 층이 바뀌면서 나는 그 부부를 자주 보지는 못했다. 수업 중 교무실에 급히 볼 일이 있어 들어갔다가 그 학부모를 보았다. 늘 부부가 동반했는데 그날은 아버지 혼자 계셨다. 그럴 수도 있는 일이지만 내가 봤을 때마다 부부가 함께 왔기에 낯설었다.

수업이 끝나고 교무실에 선생님들이 모였을 때 실장 선생님께 "오늘 은지(가명) 아버님 오셨더라구요. 혼자 오셔서 어색하던데요?", "은지 어머니 집 나갔어요. 은지 앞에서 엄마 이야기는 하지 말아 달라고 부탁하러 오셨대요" 수줍음 많고 애들을 너무나 애지중지했던 엄마였기에 더 놀라울 수밖에 없었다. 어린 시절 나도 부모의 이혼을 겪었기 때문에 은지를 유심히 보게 됐다. 다행히 은지는 속이 깊은 아이였는지 학원에서는 어떤 구김도 보이지 않았다. 그래서 마음이 더 아팠던 기억이 있다.

남자들은 외도하면서도 이혼을 원하지 않는 경우가 대부분이다. 가족을 사랑하면서 외도를 할 수 있다. 그들의 성관계는 배설일 뿐이기 때문이다. 그런데 왜 외도한 아내들은 외도로 끝내지 못하고 모든 것을 버리고 말았을까? 일본인 카페 사장의 부인, 정비공에게 빠져 부잣집 며느리 자리를 박차고 나온 아내, 수줍음 많고 애들을 아끼던 은지 엄마. 바람난 부인 세 명이 모두 가정을 버렸으니 여자가 바람나면 100% 모든 것을 버린다는 생각이 들었다.

결혼은 했어도 부부 간의 성생활 이야기를 친구들, 지인들과 쉽게 나누지 않던 시절이었다. 다른 부부의 성생활이 어떤지는 잘 모르던 때다. 남편만 잠자리 대상이 되기에 본인이 무엇을 원하는지 모른다. 성감이 발달한 여자들은 제대로 된 오르가즘을 원하지만 남편들은 대부분 그럴 시간조차 할애하지 않는다. 애정이 식어가는 아내는 배설의 욕구를 위한 성관계 상대자일 뿐이다. 배설의 욕구가 만족된 남편에게 부인은 볼일 끝난 사람이다. 그러면 부인들은 욕구 불만이 쌓이게 되는 것이라 생각한다.

　남편에게 자신의 성적 만족을 위한 이야기를 나눌 수 있는 부인은 지금 시대에도 그렇게 많지 않다. 부부 간의 성관계란 꼭 육체적 결합 하나만이 아니다. 손을 잡고, 머릿결을 쓰다듬고, 어깨를 감싸주는 것으로 정서적 결합, 정서적 오르가즘을 느낄 수 있다. 꾸준한 스킨십은 관심과 사랑의 표현이다. 출산하고, 육아하는 동안 지쳐있는 부인에게 섹스는 노동이 된다. 자연스럽게 남편을 거부하는 경우도 생긴다. 이 기간이 길어지면 섹스리스 부부로 살아간다. 이 시기 남편들은 아내를 핑계로 외도를 선택한다. 다행히 힘든 육아가 끝나고 건강하고 만족하는 섹스를 즐기는 부부는 진정 행복한 사람들이다. 섹스가 서로 어긋날 때 빈 곳을 채워주는 사람에게로 주저함 없이 모든 것을 버리고 가버리는 여자의 욕정은 참으로 강한 것이다.

　영국 성상담 프로그램에 나온 81살 할아버지는 79세 부인이 원하는 섹스를 위해 음경수술을 받았다는 인터뷰를 했다. 매우 바람직하고 아름다운 모습이라 생각했다. 남편이, 아내가 알아서 만족시켜 줄 수는 없다. 그들은 초능력자가 아니다. 부부 사이의 섹스는 솔직해야 한다. 만족하는 시간과 자신만의 성감대 등을 배우자에게 정확히 알려주어야 만족스러운 사랑을 나눌 수 있는 것이다. 부부 사이에 섹스가 사라졌거나, 배설을 위한 섹스는 '우리 사이가 소원해졌어'라고 알려주는 신호와 같다. 이혼을 생각하는 당신은 이혼 전 최선의 노력을 해보길 바란다. 이혼 전 최선의 노력을 다한 당신은 후회 없는 싱글이 될 자격을 부여받을 수 있는 것이다.

당신이 이혼해야만 하는 이유

'사랑하지도 않고 솔직히 아이 때문도 아니고 그냥 내가 이혼 후가 자신이 없다. 내 실패를 인정하기 너무 싫다. 모두가 반대한 결혼을 사랑이라 우기며 진행한 결혼인데 역시나 내가 개 눈. 이혼하면 난 철저히 혼자겠지. 다시 외로움의 세상으로. 껍데기라도 걸치고 있는 지금이 낫다 생각해서 이혼 안 하고 사나보다. 추접 스럽고 비굴한 내 인생.'

인터넷 어느 게시판에 올라온 사연이다. 이 글을 읽으면서 너무나 공감이 됐다. 참 안타깝다는 생각을 했다. 겪어보지 않은 이혼 후의 막연한 두려움을 안고 몸살을 앓는 이 글의 주인공이 애처로웠다. 분명 이혼을 해야 하는 상황임에도 어쩔 수 없다는 저 심정 너무나 잘 안다. 나도 그랬다. 껍데기라도 걸치고 남편 옆에서 살 수 있기를 빌고 또 빌었다.

첫 남편을 만나게 된 것은 대학교 2학년 때다. 여름 방학을 목전에 두고 밀린 과제 덕분에 혼자 전공실에 남아 있었다. 한참 과제와 씨름하고 있을 때 같은 과 친구가 남자친구와 전공실에 들어왔다. 여대였기 때문에 그 야밤에 남자가 들어온다는 것은 어림없는 일이었다. 과 친구는 작업 도와주러 온 친구라 이야기했고 경비아저씨의 허락을 받아 들어왔다고 했다. 산 중턱에 있는 학교는 하교 시간 이후 사람 구경하기 어려워 무서운 곳이다. 그러나 나는 겁이 없었기에 건물 전체가 텅텅 비었어도 무서운 줄 몰랐다. 과 친구는 자신의 과제를 점검하고 친구들 모임으로 돌아갈 계획으로 급히 온 것이었다.

"오늘 밤샘이니?", "응. 내일까지 완성해야 하니 못가지", "혼자 안 무서워?", "무섭기는. 귀신이 나를 더 무서워할걸? 친구들 기다린다며 어서 내려가라. 이 야밤에 남자가 전공실 있음 경비아저씨한테 혼나잖아."

과 친구는 그렇게 남자친구와 전공실을 나갔다. 한참 뒤 과 친구와 남자친구가 먹거리를 사들고 다시 돌아왔다. 친구는 내가 걱정돼 모여 있는 친구들에게 양해를 구하고 나와 밤을 새우러 온 것이었다. 겨우 과제를 끝내고 맥주를 마시면서 셋이서 참 많은 이야기를 했다. 두 사람은 그날 처음 본 관계이고 친구의 과제 때문에 학교까지 함께 동행해준 것이었다.

이틀을 과제에 매달린 탓에 나는 구석에서 잠을 청했다. 다음 날 새벽에 과 친구와 함께 왔던 남자친구는 나의 머리맡에 앉아

내가 깨어나길 기다리고 있었다. 오후 수업이 모두 끝나고 또 다른 과제를 위해 과 친구들과 여럿이 밤늦게까지 작업을 하고 있었다. 그 남자친구가 어두운 작업장을 자신의 자가용 헤드라이트로 밝혀준 덕분에 과제를 무사히 끝낼 수 있었다. 늦게까지 도움을 줬으니 자신에게 시간을 내달라고 했다. 차 한잔을 하면서 선 자리에서나 있을 법한 자기소개를 줄줄 읊었다. 연애가 목적이 아니라 결혼을 위한 교제를 하고 싶다는 것이었다. 22살 나에게. 사람은 나쁘지 않았고 교제를 시작했으며 나의 부모님이 너무 좋아했다. 그러나 사랑이라는 감정이 들지 않아 3개월 만에 관계를 정리했다.

4년이 지나 전화번호 수첩을 정리하다가 이름을 발견했고 안부가 궁금해 전화했다. 그 사람의 어머니가 전화를 받았고, 나의 이름과 전화번호를 남기고 끊었다. 일주일쯤 지났을 때 반가운 목소리로 전화가 왔고 만나게 됐다.

서로 지난 4년을 이야기하며 좋은 친구의 느낌으로 몇 번 만났다. 대학원 마지막 학기 등록금 때문에 대출을 신청한 것을 알았다. 나는 직장인이었기에 저금한 돈이 있어 차용증을 쓰고 빌려주었다. 그 사실을 안 그의 어머니는 나를 식사에 초대했다.

'큰돈을 빌려줘서 고맙다'며, 나이도 묻고, 아들과 잘 어울리니 결혼하면 좋겠다는 말도 하셨다. 다음날 새벽, 친구는 울면서 내게 전화를 했다. "엄마가 돌아가셨어." 불과 몇 시간 전 건강하신 모습으로 나랑 대화하셨던 분이 고인이 됐다고 했다. 직장일을 끝내고 급히 장례식장으로 갔다. 그곳에서 정신이 있는 사람은 나뿐이었고, 새벽까지 조문객 맞이를 도왔다. 그날 새벽 부모님께 결혼하겠다고 통보했다.

우리는 사랑하는 연인도 아니었다. 연애도 하지 않았다. 남편은 아직 학생이었고, 그의 아버지는 환자다. 나는 겨우 80만 원 받는 월급쟁이였다. 남편 집은 빚잔치를 하고 나면 무일푼이라고 했다. 나는 그날 무슨 생각으로 결혼을 작심한 것인지 아직도 모른다. 다들 정신 나갔다고 했다. 현실도피라고도 했다. 엄마는 울었다. 나는 한 치의 흔들림도 없었다.

이렇게 결혼을 했던 나는 이혼이라는 것을 해낼 용기가 없었다. 익숙한 그 생활에서 머물고 싶었다. 젊은 시절을 보낸 그곳에서 어떻게든 버티고 싶었다. 남편을 사랑하지 않았다. 결혼생활 동안 남자로 사랑한 적은 단 한번도 없었다. 단지 따뜻한 사람이었다. 그 따뜻함이 너무 좋았다. 애인보다 더 함께하고 싶은 룸메이트 같은 존재였다. 남편을 잃는다는 것은 너무나 아끼던 장난감을 빼앗기는 어린아이의 절망감과 같은 것이었다. 남편은 너무나 단호했다. 아이도 없어 핑곗거리 삼을 수도 없었다. 나의 남편에게는 사랑하는 여자가 있었다. 그것에 대한 분노도 없었다. 다만 이혼이 싫었을 뿐이다.

이렇게 버티고 버텨서 얻은 것은 초라한 나 자신이다. 헤어짐을 통보받은 사람이 울고불고 매달리는 '찌질함'의 끝을 다 보이면서 나 스스로에게 크게 실망하게 됐다. 그 과정에서 모욕적인 말도 들어야 했다. 차갑게 내밀쳐짐을 당하면서 과거 다정함이 얼마나 소중했는지 끔찍하게 더 그리워졌다. 당연하다 여기며 지나쳐보냈던 과거에 사로잡혀 정신을 차릴 수 없었다. 이혼 앞에서 이사람 놓치면 더는 이런 사람 못 만난다는 절실함을 나에게 세뇌시키고 있었다. 이혼 당시도 크게 희망이 보이는 사람도 아니었다. 직장도 불안한 상태였다. 그렇게 이혼을 힘겨워할 필요가 없는 사람이었다. 이 모든 것이 외로울 것 같아서, 익숙함에서 벗어나고 싶지 않아서였다.

법원에서 판사가 내 의견을 물었다. "동의하십니까?", "네." 모든 것이 끝났다. 허탈했다. 쏟아지는 폭우에 쓸려 내려가는 계곡물처럼 가슴 절절했던 감정들이 쓸려갔다. 내 마음은 무덤덤함으로 바뀌었다. 아무 생각도 할 힘이 없었다. 집에 돌아오자마자 쓰러져 잠들어버렸다.

사람은 인연의 몫이 있는 것 같다. 그리고 아파해야 할 몫이 있는 것 같다. 그 몫을 잘 받아들였다면 더 크고 멋진 선물을 받을 수 있었을 것이다. 나는 2년 동안 남편을 힘들게 했다. 원망하고 욕도 했다. 사람 속을 몇 번씩 뒤집어 놓았다. 내 맘처럼 안 되는 남편이 너무나 미웠다. 그리고 하면 안 될 짓도 했다. 그 결과 난 남편에게 원망과 미움의 대상이 됐다. 힘든 2년의 시간을 주지 않았다면 그 사람은 나에게 많은 미안함과 고마움을 가졌을 것이다. 나의 소중한 10년 결혼생활을 존중받을 수 있었을 것이다. 나의 기억에서 행복했던 시절로 남겨둘 수 있었을 것이다. 가치 없는 시간으로 만들어버린 나의 어리석음에 가끔 마음이 서글프다.

스물두 살 사귀다 헤어졌지만 나쁜 기억은 남기지 않았다. 그 덕분에 스물일곱 살에 다시 편안한 친구로 만날 수 있었다. 이혼도 조금은 편하게 해줬더라면 어땠을까 하는 생각이 잠시 스쳤다.

'내가 살아오면서 가장 잘 나에게 칭찬하는 일 중 가장 으뜸이 첫 이혼이다'라고 적혀 있는 일기장을 발견했다. 이혼 후 10년이 지난 일기장이었다. 힘들었던 시간을 잘 극복해서가 아니다. 사랑하는 사람과 살라고 끝내는 보내줬던 마지막 배려를 스스로 칭찬한 것이다. 나에게 고마움이라고는 하나도 남지 않은 사람이지만 섭섭함도 없다고 적혀 있다. 10년의 시간이 흐르고 내가 나를 기특하다 칭찬해 줄 수 있다는 것에 놀라웠다. 죽을 듯 힘들고 고통스러워 가지 않을 것 같았던 시간도 벌써 12년을 지난다. 지난날 덕분에 나에게는 스토리가 생겼다. 작가가 될 수 있는 커다란 선물을 받았다. 신이 준비하신 놀라운 선물이다.

당신의 영혼이 더 가난해지기 전에 이혼하길 바란다. 너무 텅텅 비워지면 채워지는 시간이 너무 오래 걸린다. 모든 시간이 현재에 머물지 않는다. 매 순간이 과거가 된다. 지금의 슬픔도 과거가 된다. 고통의 시간도 벌써 과거다. 알 수 없는 미래를 두려움 때문에 가치 없이 과거로 흘러가게 내버려 두지 않기를 바란다.

알 수 없는 미지의 세계인 결혼도 핑크빛 선글라스 덕분에 두려움 없이 해냈다. 이제는 이혼도 핑크빛 선글라스를 끼고 바라보자. 두려움과 당당히 맞서지 않는다면 신은 나에게 끊임없는 시련을 준다. 삶에서 받아야 할 커다란 선물의 주인이 맞는지 신은 시험하시는 것이다. 이제는 그 선물의 주인이 되길 바란다.

당신의 결혼생활은 몇 점인가?

〈법륜스님의 희망세상 만들기〉를 보다가 어느 노모의 하소연을 보게 됐다.

"저는 5남매 자식들을 낳고 다 길러서 결혼식을 해서 아무 근심 없는 할머니예요. 그런데 영감님과 맨날 그렇게 싸워요. 맨날 싸워서 자식들이 다른 사람은 부모가 자식 때문에 맨날 걱정하고 그러는데 우리 집은 자식이 부모 때문에 맨날 걱정을 한다고 하니까 자식한테 할 말도 없고, 자식들이 매달 돈을 줘서 아무 일도 안하고 그렇게 편하게 사는데 영감이 그렇게 속을 상하게 해요. 젊은 시절 잘못 한 것이 없어도 잘못했다 빌지 않으면 농사가 안되어서 밤낮으로 잘못했다고 빌었어요. 이제는 서울에 와서 농사를 짓지 않으니 빌 일이 없어서 안 빌고 살아요. 아파트 밑에 작은 텃밭을 샀어요. 고구마를 심는데 영감이 두 줄을 만들었어요. 그러면 고구마가 얼마 안 나와서 내가 세 줄을 만들었어요. 그랬더니 '영감이 여자가 왜 남자가 해 놓은 일을 무시하고 세 개를 만드냐!' 라고 하며 가버렸어요. 사위에게 너무 볼 낮이 없는 거예요. 영감이 내가 굴복하지 않고, 빌지 않았다고 밥을 계속 따로 해먹어요."

이 고민을 들으신 법륜스님은 할머니께 질문을 하셨다. "고구마 밭 두 줄에서 고구마 스무 개가 나오고 세 줄은 오십 개가 나온다고 할 때, 고구마 스무 개가 더 나아요? 영감님하고 안 싸우는 게 나아요?", "땅이 아까우니까 그렇게 해야지요. 고구마가 크면 몇 개 안 돼요." 다시 법륜스님이 질문을 했다. "아무튼 땅이 아까워서 고구마 몇 개 더 심는 게 중요해요? 영감하고 안 싸우는 게 중요해요?", "영감은요, 원래 땅이 없어서 밭을 길러 보지 않았다니까요. 영감은 몰라요. 그걸 내가 했다고 입이 계속 나와서 젊었을 때는 49년 동안 내가 빌어야 했는데 이제는 안 빌어." 이쯤 읽어보면 어떤 생각이 드는가? 법륜스님도 답답해하셨는데, 나도 고구마 잔뜩 먹고 체한 기분이었다.

스님은 방청객들에게 "이 할머니, 할아버지 말 들을 것 같아요? 안 들을 것 같아요?"라고 물어보자, 강의에 참석한 모든 분들이 "안 들을 것 같아요" 하며 한바탕 웃었다. 스님은 할머니가 문제라셨는데, 할머니는 뭐가 문제냐며, 이제는 안 참고 살겠다 했다. 황혼이혼하면 아들이 돈을 안 주니 못 하고, 살자니 자꾸 화를 내서 못 살겠단다.

이 동영상을 보면서 나는 처음으로 나의 아버지를 이해할 수 있었다. 왜 그렇게 엄마와의 언쟁에서 분노했는지. 대화가 아니고 너무나 분노했다. 자신은 분노하면서 상대방에게 대화를 안 한다고 오히려 더 억울해했다. 그런 대화를 하는 부모를 보면 나도 덩달아 마음속에서 분노가 폭발한다. 어린 시절은 두려움이었고, 속상함이었다. 지금은 두 분의 언쟁이 시작되면 내가 더 화를 낸다. 심지어 두 분 모두 연락을 끊고 몇 개월을 지낸 적도 있었다. 아버지는 어머니와의 대화 끝에 화를 내신다. 매번 "나를 무시한다"라고 말씀하시며 엄마와 난 "왜 맨날 무시한다고 생각하는지 모르겠다. 자격지심이 저렇게 심하니 무슨 말을 못 하겠다" 이렇게 무시하고 넘겼다.

얼마 전 에어컨을 새로 설치하려고 했다. 아버지는 대뜸 "나는 에어컨 필요 없다. 지금 있는 것도 일 년에 서너 번도 안 켜는데" 했다. 벌컥 화가 났다. 아버지는 에어컨 없어도 되지만 엄마는 땀이 많다. 엄마는 불 앞에서 땀 흘리며 음식을 한다. 아버지 혼자 사는 집도 아닌데 늘 자신 위주로 말씀하셔서 나는 속에서 짜증이 올라와 있었다. 아버지는 호기심이 많으셔서 본인이 먼저 머릿속으로 설계를 해보신다. 그것을 어머니께 설명을 하면 "아, 그래요"라고 대답해주길 바라셨던 것 같다. 그러나 어머니는 아버지의 말을 중간에 자르시면서 "그렇게 하면 안 되지. 굳이 그렇게 할 필요 없지" 하신다. 그러자 아버지 언성이 올라가면서 "사람이 말을 하면 끝까지 들어보고 대화를 해야지 사람 말을 왜 무시해!" 하고,

어머니도 지지 않았다. "내가 무슨 무시를 했어요. 기사가 오면 알아서 해주는데 맡기면 되지" 하신다. 언성이 계속 올라가고 스트레스를 받아버린 나는 "에어컨 설치하지 마세요. 지금 쓰던 것 계속 쓰세요. 어차피 사용도 않을 거잖아." 그렇게 새 에어컨 설치는 취소했다. 다음 날 아버지는 "에어컨 설치할까?" 물어보셨는데 나는 성질이 나서 "취소했어요. 어차피 사용도 잘 안 하면서 그냥 쓰던 거 쓰세요"라고 퉁명스럽게 대꾸했다.

그날을 생각하면 속에서 짜증이 계속 올라왔다. 그런 것들이 모여 별일 아닌 것에서 감정적으로 폭발했다. 나는 조목조목 따지는 스타일이다. 말을 하다보면 사람을 궁지에 몰아넣는다. 언짢아지신 아버지는 "네가 그렇게 잘났어!" 하고 소리를 지르시고 베란다로 나가 담배를 태우셨다. 나는 다시는 안 보고 살겠다고 분통을 터트렸다. 그리고 두 달 동안 아버지와 연락을 끊고 지냈다.

나는 엄마에게 너무 감정이입이 되어있다. 아빠에 대한 미움이 가득하다. 두 분의 대화에 내가 민감해진다. 각자의 생각으로 서로 공격을 당하고 있다고 생각한다. 기분이 좋을 때 즐거운 이야기는 나누지만 정작 대화하는 법이 다들 서툴다. 부모님과 나 세 사람은 소통이 안 되고 있다는 것을 이제야 알았다. 나는 부모의 대화법이 싫다고 했지만 나도 그대로 닮아 있었다. 그런 말버릇 때문에 나의 배우자들도 무시당하는 느낌을 많이 받았을 것이다.

영업일을 하다 보니 말로 사람을 잘 설득하는 것에만 집중했다. 그동안 내가 읽었던 책들이 설득과 영업에 관한 책들이었다. 말로 이기겠다는 마음도 꽤 컸다. 누구라도 언쟁이 붙으면 이기려고 했다. 그러다 상대방이 화를 내면 화내는 사람이 나쁜 사람이었다. 특히 남자에게는 더 심했다. 나의 생각이 바로 받아들여지지 않으면 쏘아붙였던 것 같다. 재혼한 남편이 가장 듣기 싫어했던 나의 말투가 있다. "내가 그랬잖아" 이 말을 할 때 나의 강한 억양과 찢어 지는듯한 카랑카랑한 목소리에 감정 조절이 안 된다고 했다. "했잖아, 그랬잖아. 이런 말은 하지 마라" 그러면 나는 더 카랑카랑하게 "내 말이 맞는데 왜 하지 말라는 건데. 나에게 이렇게 말했잖아!" 나는 말로 여럿을 죽일 수도 있도록 혀에 독을 품었던 것 같다. 이렇게 그 사람을 자극시켰다. 자극받은 사람은 결국 힘으로 제압하려 했다. 그러나 나는 나의 대화법에 문제가 있다는 반성은 없었다. 나의 의견을 명확하게 각인시키고 싶었던 것 같다. 아버지와 나의 남편들이 문제가 있다고 생각했다. 그들 때문에 엄마와 나는 피해자라 생각했다. "아, 그래요. 아, 네"라며 인정해주고 따뜻하게, 품격 있는 대화할 줄 알았다면 불행은 애초 시작되지 않았을 수도 있다.

매번 화내는 할아버지께 49년을 빌고 살았다는 할머니는 할아버지를 49년 동안 인정해주지 않았다. 마음속에서 배우자를 인정하고 존경하는 마음이 없다면 어떻게든 표출이 된다. 억양이던, 단어선택이던 상대가 마음 상할 뭔가를 던지게 되어있다. 누구나 자신은 '내가 옳다'라는 생각을 한다. 무엇이 잘못됐는지 모른다.

상대가 화를 내는 이유를 모른다. 그렇기에 배우자는 나에게 불친절하고 나를 무시한다고 역으로 생각을 하게 된다.

모든 남자들은 어머니 손에서 자랐다. 그래서 어머니와 같은 여자인 부인에게 '오구구~, 내 새끼'라며 추켜 세워주는 어머니의 응원을 바란다. 남편은 부인에게 인정받고 싶어 한다. 잘났던 못났던 인정을 받을 때 자신은 왕좌에 앉았다는 기쁨에 도취된다. 그런 남자를 조금 더 현명하게 기분 좋게 만들어주었다면 서로의 가슴에 응어리를 만들고 다툼을 만들고 원망을 만드는 것은 충분히 예방할 수 있었지 않았나 하는 생각을 이제야 해보았다.

'말로 천 냥 빚을 갚는다'라는 말이 떠오른다. 이 말은 항상 '강동 6주를 얻어낸 서희의 담판'에 비유를 많이 했었다. 사기꾼처럼 말을 번지르르하게 잘해야 한다는 의미인줄 알았다. 그러나 진정한 '천 냥 빚 갚는 말버릇'은 배우자를 인정해주는 두 마디면 되었다. 내가 남편에게 엄마가 아버지에게 "아, 네" 두 마디만 잘했어도 배우자는 존중받는다는 느낌을 충분히 받았을 것이다. "아니 그것이 아니고"로 인한 감정싸움 그리고 각각의 마음에 품은 피해의식, 결국 소소한 것들로 인해 모든 것들이 의미 없게 끝나버리게 되었던 것 같다. 서로를 인정하지 못하고 서로의 문제를 모른 채 몇십 년을 더 살았다면 우리는 더 많은 상처를 주고받았을 것이다.

두 번의 결혼생활을 하면서도 나는 나의 결혼생활 점수를 냉정하게 채점하지 않았다. 나를 포함한 이혼한 사람들은 결혼 생활의 실패한 배우자의 탓만 앞세울 뿐 객관적인 평가는 하지 못한다. 닭이 먼저인지 달걀이 먼저인지 따질 필요는 없다. 다만 배우자가 화를 많이 냈다면 언제 많이 냈는지, 내가 어떤 반응을 보였을 때 분노했는지 자세히 알아야 한다. 그리고 나의 정확한 성질을 알아야 한다. 이혼을 결정한 당신에게 두 사람의 관계 회복을 하라는 것이 아니다. 정확한 나의 문제를 알고 나의 결혼생활을 냉정하게 채점을 해야 다음에 나에게 찾아올 사랑을 더 멋있게 할 수 있다는 것이다. 당신의 결혼생활은 몇 점을 줄 수 있는가?

2장

자녀 핑계, 부모 핑계는
이제 그만!

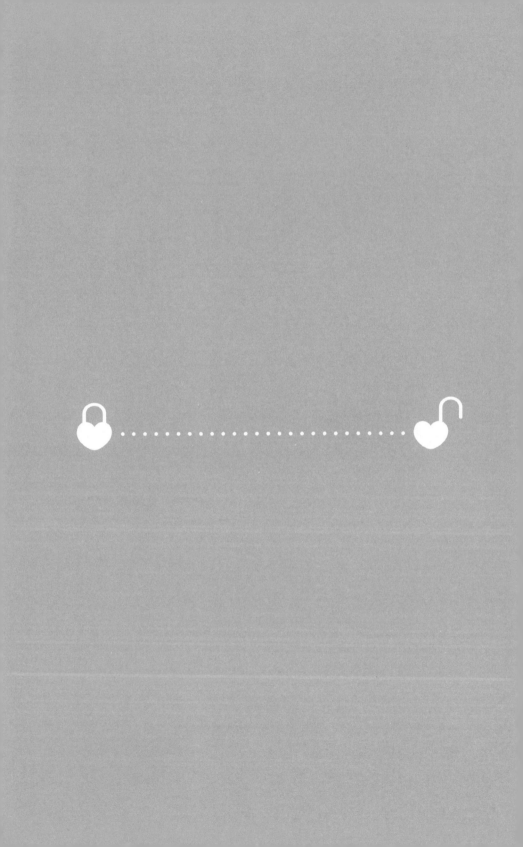

어떤 인생을 사는가는
당신이 선택하는 것이다

성경에서 말하는 결혼은 하나님 앞에서 남녀가 서약해서 비로소 효력을 발휘하는 제도라고 한다. 이때 결혼은 단순한 언약이 아니라 두 남녀가 하나의 몸으로 연합하는 것이고, 이때 연합이라는 것은 서로 이야기도 나누고, 돌보고, 희로애락을 함께 한다는 것을 말한다고 한다.

결혼은 부모를 떠나서 배우자와 연합하는 것이다. 《성경이 말하는 결혼, 이혼, 재혼》에서 제이 아담스(Jay Adams)는 성경적인 결혼을 이렇게 적고 있다. 결혼생활에서 배우자는 누구보다도 우선순위가 돼야 한다. 남편은 가장이 되는데 가장이 다른 사람을 자신보다 더 우위에 두면 가장의 권위는 부인되고 온갖 문제가 생긴다. 그 다른 사람이 부모일지라도 마찬가지다. 아내가 아이들로 남편의 자리를 대신하려 할 때도 온갖 문제가 발생한다. 남편이 아내보다 일을 우선해도 마찬가지로 문제가 생긴다. 말하자면 부부관계보다 더 중요한 그 무엇이 존재해서는 안 된다는 말이다.

우리나라의 결혼은 두 사람의 결합으로만 가능한 것이 아니다. 많은 사람들과 관계의 고리를 형성한다. 그 중 가장 문제가 되는 것이 시댁이다.

이혼상담 프로그램에 나온 한 의뢰자는 시어머니로부터 끊임없이 언어폭력을 당한다고 했다. 아이가 아프면 아이들에게 "네 어미 때문에 아픈 거야. 칠칠맞게 아이 건강관리도 못하고, 집에도 뭘 하는 거냐!", 남편이 살이 찌면 "요즘 부인들은 남편 건강에 그렇게 신경을 쓴다는데 너는 내 아들 저렇게 살을 찌우면 어떻게 하겠다는 거냐"라고 한다.

열심히 식이요법 시키고 살을 빼놓으면 "애가 얼마나 먹는 게 부실하면 저렇게 피죽 못 얻어먹은 사람처럼 말라가냐? 너는 집에서 도대체 뭐 하는 거냐!" 하다못해 냉장고가 고장이 나거나 세탁기가 고장이 나도 "기계를 좀 곱게 쓰면 될 것을 그렇게 막 쓰니 고장이 나지. 애비가 고생해서 번 돈 너 때문에 허튼 곳에 나가잖니!" 하고.

아이들이 실수를 하면 "네 어미가 워낙 머리가 나빠서 너희가 닮았나 보다", "애비는 인물도 좋은데 어미 닮아 애들이 인물도 부족하고 키도 안 자라는구나!"라고 말했다.

매일매일 "너 때문에"라고 탓을 했다. 십여 년을 늘 그렇게 당하고 살다 보니 너무 스트레스 받고 잇몸이 부어 이가 빠질 지경에 이르렀고, 탈모까지 왔다고 했다. 어느 날 자신의 아이가 "엄마는 학교 다닐 때 공부 못했어? 엄마 진짜 머리 나빠?"라고 물어보기까지 했다고 했다. 참고 참다가도 너무 속상하면 남편에게 "어머니가 나를 너무 미워하시는 것 같아. 매일 내 탓을 하시니 너무 힘들어서 못 살겠어. 우리 분가하자"라고 하면 남편은 "어머니가 연세도 있으시고 혹시나 쓰러지시면 어떻게 해. 이제까지 잘 참아 왔잖아. 조금만 당신이 참아주면 안 될까?"라고 했다. 자신이 당장 쓰러져 죽을 것 같은데 남편의 돌아오는 답이 더 기막혔다는 것이다. 패널들은 시어머니께 "그렇게 말씀 하지 마세요. 어머니가 그렇게 말씀 하시면 사실 저도 많이 힘들어요. 이제 그만해주세요"라는 명확한 의사표시를 해보았냐고 물었다. 며느리인 C는 시어머니께 "제가 좀 더 신경 쓸게요. 어머니 제가 알아서 잘 할 테니 너무 나무라지 마세요" 했더니, "집구석에 여자 잘못 들어와 망조 들었네. 네가 알아서 잘 할 것 같았으면 내가 잔소리를 왜 하니"라며 역정만 더 냈다고 했다.

이후로도 계속되는 시어머니의 언어폭력에 이혼을 고민하게 되었다고 했다. 문제는 남편과의 사이는 너무 좋다는 것이다. 비록 시어머니의 언어폭력은 막아 주지는 못하지만 아내에게 너무나 다정하고 좋은 남편이라는 것이다. 방청객과 패널들의 조언은 이혼보다는 참고 견뎌보라는 것이었다. C의 머리카락과 이가 모조리 빠지고 스트레스로 쓰러져 병원에 입원 할 때까지 견디라는 말로만 들렸다.

이 사례에서 C는 어디에 있는가? C는 남편을 위해, 자식을 위해 헌신한다. 시어머니는 C가 그냥 싫은 것이다. 이유가 꼭 있어야 싫어하고 미워하는 것 아니다. 홀어머니가 아들 잘 키워 다른 여자의 남편이 됐다는 이유만으로도 미움의 대상이 된다. 결혼은 서로의 위치가 있어야 한다. 이 결혼 속에는 C의 위치는 없다. 남편의 다정함에 자신의 행복이 무참히 짓밟히는 것을 그대로 두고 본다면 C는 자기 자신을 학대하는 것이다. 나는 시어머니 보다 C가 자신에게 더 나쁜 사람이라고 느꼈다. 효자이고 싶은 남편에게 불효를 강요할 수도 없다. 각자 원하는 삶을 선택하면 되는 것이다. 남편과의 사랑을 꼭 결혼생활로 유지하려는 것도 어리석다고 생각한다. 만약 C가 단호하게 이혼을 결심하고 준비한다면 남편은 바뀔 수도 있다. '힘들다고 하다 말겠지. 잘 참아주겠지.' 잘 참으라고 다정하게 해주는 것을 사랑이라고 생각하는 C가 자신을 먼저라고 생각했으면 좋겠다.

결혼생활을 하면서 부부는 서로에게 매력을 지속적으로 느낄 수도 없다. 예전처럼 애정을 쏟을 기력도 없다. 각자의 자리에서 각자의 몫이 있기에 서로에게 소원해질 수 밖에 없다. 아들은 남편의 빈 자리를 메워주는 좋은 연인이 되어준다. 딸은 좋은 말벗 친구가 되어준다. 나이 들고 생기가 사라지는 아내를 보다 싱그럽고 아름다운 딸을 보면 행복해진다. 딸은 아빠의 연인이 되어준다. 아들은 듬직한 술친구도 되어준다. 이런 내 연인이자 벗이 누군가를 사랑하고 내 곁을 떠난다. 생각만 해도 가슴이 무너진다.

나는 아이가 없다. 가끔 '나에게 아들이 있다면 과연 좋은 시어머니가 될 수 있을까?' 라는 생각을 해본다. 여자 친구를 사귄다고 해도 싫을 것인데 결혼을 한다고? 너무 아깝다는 생각이 들었다. 내 아들 꼬드겨 데리고 가는 여자가 미울 것 같았다. 요즘 며느리들 생각하면 내 아들 못 줄 것 같다. 상상만 해도 이정도다. 구박하는 시어머니 마음이 확 와닿았다.

C의 경우 시어머니는 혼자 고생하며 아들을 키웠다. 그 아들은 남편과도 같은 존재다. 자식을 남편보다 더 의지하고 자기의 전유물인 듯 생각하는 사람들이 많이 있다. 남편에게 받지 못하는 사랑의 보상으로 아들이 있다. 그래서 아들 유세가 유난한 것이다. 그런 자식이 곁을 떠날 때 넉넉히 보상을 받고 싶은 것이다. 공짜로 자식 빼앗긴 것 같아서 자식들의 배우자는 너무나 밉다. 갈라놓지는 못하지만 온갖 분풀이를 한다. 내 것 내어주니 당연히 몸값을 높게 받고 싶은 것이다. 그러니 결혼은 시장인 것이다. 시장에서 제값 못 받으면 얼마나 속상할까. 없는 자식도 이렇게 욕심이 나고 애가 쓰인다. 배 아파 낳고 애지중지 키운 내 아들이 내가 아닌 다른 여자를 사랑한다면 그 심정은 남편이 외도한 것보다 더 외로울 것이다. 며느리 구박하고 시집살이시키는 시어머니를 나는 욕하지 않는다. 내 것 가져갔으니 너는 미움의 대상일 뿐이다.

남자들에게 어머니라는 존재는 어머니다. 많은 어머니에게 아들은 남편 이상의 너무 큰 존재이기도 하다. 그래서 효도하겠다고 어머니를 모시고 산다는 것은 '나 불행하고 싶어'라고 하는 미친 짓이다. 본처가 있는 집에 후처가 들어오는 모양이라고 하면 쉽게 이해될 것이다. 어떤 본처도 후처를 곱게 봐 주지 않는다. 결혼한다는 것은 신뢰하고 사랑하는 배우자와 나만의 나라를 만드는 것이다. 새로운 나라를 건설하겠다고 하면서 예전 모시던 군주를 데리고 들어가면 그것이 과연 당신의 나라가 되는가? 어리석은 남자들이 효도라는 미명 아래 그들의 부모와 분리되는 것을 두려워하는 것이다. 성인이 되지 못한 남자의 다정함을 사랑이라고 생각하면 인생은 답이 사라진다. 결혼하면 부부가 왕이 돼야 한다. 부모를 떠나야 한다. 그리고 부부의 권위가 부모에게 있어서는 결코 안 되는 것이다.

심금을 울리는 배경 음악과 함께한 젊은 여성이 무릎을 꿇고 앉아서 물걸레질을 한다. 머리카락은 청승스럽게 쏟아져 있다. 자막이 나온다. '착한 딸이 되기 위한 벙어리 3년, 좋은 아내 되기 위한 장님 3년, 위대한 어머니가 되기 위한 귀머거리 3년 견디고 참아내는 것이 습관이 되어버리는 그것이 여자의 일생.' 제발 방송에서 이런 희생을 한 사람들에게 지나친 동정을 하지 않았으면 한다. 이런 삶은 살고 있는 사람들에게 '그것은 희생도 아니다. 착함이 아니다! 그것은 좋은 아내의 삶이 아니다! 그것은 위대한 어머니가 되기 위한 삶이 아니다! 당신을 갉아먹고 당신을 유기하는 잘못이다!'라고 외쳐주기 바란다. '착하다' '좋다' '위대하다'는 그럴 듯한 포장으로 희생을 요구하는 세상에서 제발 벗어나자. 동정을 받을 필요도 없다. 우리는 여자이기 이전에 사람이다. 사람으로 당당하게 살아야 한다. 당신이 행복해지는 것은 권리이자 의무임을 아무리 강조해도 지나침이 없다.

아이 핑계 대는 당신 때문에
아이가 더 상처받는다

10년의 첫 결혼생활을 정리한 나는 1년 후 재혼했다. 아이가 없었기 때문에 이혼녀임을 숨기기에 걸림이 없었다. 가족 외 남편의 주변 지인들은 두 사람이 늦은 나이에 만난 첫 결혼이라 생각했다. 배우자는 아이를 몹시도 원했다. 아이가 없어 전남편이 마음이 쉽게 돌아섰다고 생각했던 나는 임신을 위해 노력을 많이 했었다. 마지막으로 '시험관' 고민을 할 때 사십이 넘은 나이에 건강한 아기면 다행이지만 혹시라는 걱정이 앞섰다. 그리고 굳이 내가 출산을 해야만 하는 것은 아니며, 훗날 좋은 일 하면 된다고 생각하고 임신을 포기했다.

재혼 4년 만에 다시 이혼을 선택했다. 1년 가까이 누구도 만나지 않았다. 직장, 집, 술, 잠. 이렇게 생각이란 것을 할 시간 없게 만들었다. 잘 견디는 척은 했지만, 나의 인생을 탓하며 너무나 속상해했다. 텔레비전에서 이혼에 관한 주제로 패널들이 떠드는 프로그램을 보았다. 여러 이야기 중 누구는 애가 없으면 부부로 살아가는 것이 힘들다고 했다. 누구는 애가 없어 참 다행이라고도 했다. 누구 신경 쓸 일도 없이 혼자 멋지게 살면 되니 참 부럽다고 했다. 속상한 나는 참 맘대로 지껄인다 생각했다. 그러면서도 마음한편으로는 '애가 있으면 싫어도 참고 살아야 했을 테니 어쩌면 다행일 수도 있겠다', 싶다가도 '애가 있었다면 그렇게 부부 사이가 빠르게 나빠지지 않았겠지' 했다. 두 생각을 많이도 왔다 갔다 했었다.

이혼에 대한 후유증을 꽤 오랫동안 앓았다. 새로운 직업을 가졌고 일에 푹 빠져 지내던 어느 날 예전 친목모임에서 알고 지냈던 지인을 직장 근처에서 마주쳤다. 길에 서서 한참을 떠들다가 저녁 약속을 하고 아쉽게 이야기를 접었다. 이틀 뒤 저녁을 함께 먹으며 이런저런 수다를 떨다가 그 친구가 부인과 각방을 쓴다는 사실을 알게 됐다. 결혼 12년 차이면 그럴 수 있겠다 싶었다. 그런데 이혼을 생각하고 있고, 아이들이 어느 정도 자랄 때까지 그렇게 지내기로 합의를 했다고 했다. 부부는 사이가 참 좋았고 다들 부러워하는 결혼인 것으로 기억한다. 살다 보면 부부관계 시들해지는 것은 어쩔 수 없나보다 생각했다. 부부 사이의 일은 그들만의 속사정이 있기에. 나는 이혼을 숨긴 채 그 친구의 이야기에 집중했다.

"얼마나 그렇게 지낸 거야?", "3년 정도 되어 가는 것 같아", "쇼윈도 부부 하기로 했으니 애들 앞에서 서로 애정표현은 하니?", "아니 서로 대화도 안 하고 얼굴도 안 쳐다 봐", "애들은 어때?", "글쎄 아무것도 모르는 것 같아", "낮에는 엄마가 보고 퇴근하면 아내는 나가고 내가 아이들이랑 놀아줘. 주말에는 나 혼자 애들 데리고 여기저기 다니면서 놀아주고", "애들이 아무 말 안 해?", "내가 물어봤는데 아무렇지 않다고 했어", "애들이 몇 살이지?", "10살, 8살", "힘들지 않아?", "애들 크고 나면 그때 정리하면 되니까 괜찮아. 그때까지는 애들 위해서 이렇게 지내도 돼", "애들 결혼할 때까지 그러고 산다고?", "아니, 중학생 정도 되면 알만한 나이니까 그때 정리할까 생각해." 이렇게 대화가 오갔다. 그 친구 결혼생활을 주제로 몇 시간을 더 이야기를 나누었던 것 같다.

나는 첫 이혼 전 별거하는 동안 이혼을 몇 차례 거부했고, 남편을 결국 집으로 돌아오게 했다. 집에만 돌아오면 살 것 같았다. 그러나 같은 공간에서 차가운 눈빛과 사무적 말투가 주는 또 다른 슬픔을 알게 됐다. 나의 욕심 때문에 내가 더 불행해졌음을 깨달았다. 침묵이라는 두꺼운 벽을 서로의 사이에 두고 생활한다는 것 온 몸의 기운이 쭉 빠지게 만드는 암울함을 느끼게 한다. 그 무거움을 겪어본 나는 그 친구가 안쓰럽고 대단하다 싶었다. 나는 아이가 없었기 때문에 이혼이 쉬웠나 싶었다. 아이가 상처를 받지 않게 하려고 그 부부는 자신들의 욕심보다 아이들을 위해 참을성 있는 선택을 했다고 생각했다. 그때는 그 친구가 존경스럽다고 생각했다.

나이 사십이 훌쩍 넘어 만나는 지인들 대부분 아이 때문에 참고 산다는 분들이 참 많았다. 배우자와 사이가 좋지도 않고 본인은 외도 하면서도 이혼은 절대 하지 않을 것이라는 분도 있다. 자신은 아이가 너무 소중해서 '한부모 가정' 아이로 만드는 것은 하지 않는다고 했다. 몇 년 전 각방 쓰던 친구의 이야기가 떠올랐다. 그때는 그 친구가 대단하다고 생각했는데 사십 후반에 비슷한 이야기를 들으면서 이기적인 부모라는 생각이 들었다. 아이가 있다는 것은 참 인생이 그만큼 어렵다는 느낌이 들었다.

얼마 전 '한부모 가정모임'에서 주최한 캠핑에 처음 참석하는 지인 B를 따라 방문한 적이 있었다. 아이가 없어 참석은 불가능하지만 잠시 짐꾼으로 들른 것이었다. 연령대가 다양한 보호자와 아이들이 꽤 많이 참석했다. 잠시 보았지만 다들 친숙해보였다. 3년 전 시작된 모임이라고 B가 귀띔해주었다. 짐 정리를 도와주다 "이혼하고 나서 좀 힘들었지만 애들한테는 잘한 것 같아서 지금은 마음이 편해요"라는 이야기를 듣게 됐다. '한부모 가정'이라 넋두리라도 하려나 싶었는데, 보통의 가족 모임처럼 편하고 밝은 분위기라 조금은 놀랐다.

B는 아이들이 어려서 정말 이혼을 참았다고 했다. 배우자와 서

로에 대한 감정이 좋지 않았기 때문에 말 하나가 다정스러울 수 없었다고 했다. 어느 날 어린이집에서 아이가 폭력을 쓴다고 부모 상담을 원한다는 전화를 받았다고 했다.

"그럴 리가요? 우리 애들 정말 순하고 친구 때릴 아이가 아닌데요"라고 어린이집 원장님께 말씀드렸더니 "어머님 혹시 남편분과 자주 싸우십니까?"라고 물었다고 한다. "아니요, 많이 싸우지 않아요. 보통 가정들에서 있을 정도죠"라고 대답을 하면서도 속으로 뜨끔했다고 했다. 원장님은 "가끔이라도 아이 앞에서 싸우시면 안돼요. 사이가 좋지 않은 부부를 부모로 둔 아이들은 눈에는 엄마 아빠가 나 때문에 화가 났다고 생각합니다. 스트레스를 많이 받기 때문에 밖에서 공격적으로 변하기도 해요. 아이들은 부모님 생각보다 정말 민감하거든요. 아이가 다른 아이들보다 좀 더 민감한 것 같아요. 조금은 더 신경 써 주셔야 할 듯해요"라고 말했다.

원장님이 해 준 말에 아이들의 행동들을 떠올려 보았다고 했다. 첫째가 동생에게 하는 말투가 B가 남편에게 하는 말투를 닮아 있었다는 것을 그때 알았다고 했다. 지난 행동 하나하나 떠올려보면 자신의 눈치를 꽤 많이 보았던 것 같다고 했다. 이외에 아이들의 변화를 어린이집 원장님 때문에 알게 됐다고 했다. 남편과 관계를 회복할 마음이 전혀 없었기 때문에 B는 이혼을 결심했다고 한다. 그리고 아이들에게 "친한 친구랑 싸울 때 있지? 그런데 친구가 너무 미울 수 있어. 그러면 어떻게 할까?" 하고 물었더니, "사과하고 사이좋게 지내야해"라고 답했다. "그런데 사과해도 친하게 지내기가 힘들어진다면?", "그러면 다른 친구랑 놀면돼", "엄마 아빠도 친하게 지내기가 힘들어져서 따로 살건데 괜찮을까?", 아이들의 반응은 생각보다 단순했다고 한다. "응. 괜찮아 엄마 집도 가고 아빠 집도 가면 되잖아"라고 대답했다. 그 보호자는 너무나 놀랐다고 했다. 부부는 아이들과 함께하는 시간만큼은 최선을 다하기로 약속하고 합의 이혼을 했다고 한다. 이혼 후 B자신이 달라짐을 느꼈다고 했다. 언짢은 기분이 밝아지고 목소리도 더 다정해졌다고 한다. 그리고 아이들에게 미안한 마음도 있었기에 예전보다 더 사랑한다는 표현을 많이 해주었다고 했다. "나는 엄마 집도 있고 아빠 집도 있어"라며 아이들은 어른들의 생각보다 밝았다고 했다.

B는 이혼을 고민했을 때 아이들과 많은 이야기를 하며 함께 준비했더라면 서로가 더 빨리 행복했을 것 같다고 했다 한다. "너와 아이들은 좀 독특한 케이스가 아닐까? 정말 이혼을 선택한 것이 다행이니?"라는 물음에, "서로 미워하고 싫어하는 가운데 유지되는 가정의 공기는 질이 나빠. 질이 나쁜 공기를 마시는 아이들의 영혼은 탁해지기 마련이지. 아이들이 원하면 아빠는 언제는 만날 수 있고, 각자 생활이 편해지니 자연스럽게 아이들에게 더 친절하게 되더라. 나는 이혼을 그때 잘 선택한 것 같아"라는 대답이 돌아왔다.

B의 이야기를 듣다가 친목모임에서 알게 됐다는 지인이 생각났다. 이혼이 아이들에게 더 나쁜 영향을 미치기 때문에 참고 산

다는 것을 희생이라 생각했다. 그런데 B의 이야기를 들어보면 좋은 방법이 아님을 느끼게 된다. 나는 아이가 없다. 부모로서 이혼하는 부부들의 심정을 일도 헤아릴 수 없다. 그러나 부부관계가 자녀에게 특히 중요하다는 것은 누구나 아는 사실이다. 아이의 정서나 성격에 커다란 영향을 미친다. 자녀의 남성상, 여성상에도 영향을 준다. 아이들의 마음에서는 부모는 하나라고 생각한다. 그런 부모가 떨어져 지낸다면 아이들은 불안 증세를 보인다. 집안에서 각방을 사용하는 것도 떨어져 지내는 것이다. 이 부부는 대화를 일절 하지 않는다. 큰 소리 내며 싸울 일은 없지만, 집안 분위기는 쌀쌀하다. 집안에 함께 웃음꽃이 필 경우가 없다. 부부가 대화하는 모습을 보면서 자녀들도 소통하는 법을 배운다. 소통하는 법을 배우기 어렵다면 성인이 돼 대인관계에 커다란 문제가 된다. 부부의 다정한 모습을 보며 '우리가족은 행복해'라는 정서적 안정감을 가진다. 그런 가운데서도 아이가 모른다고 생각하는 것은 부부 자신들을 위하는 이기심이 앞섰기 때문이 아닐까? 이혼한다고 끝이 될 수는 없다. 불행한 결혼생활 속에 머물러 있는 것이 더 큰 비극이다. 당신의 비극적 결혼생활 속에서 내 아이는 사랑에 대한 그릇된 모습을 배우고 있다는 사실을 알아야 한다.

이혼하지 않는 당신은 유죄

모 복지관 아동 아동미술심리치료 프로그램에 실습교육으로 참여한 적이 있었다. 초등학교 6학년 남학생은 장난치고 노는 것이 아슬아슬해 보일 만큼 폭력성이 있었다. 집중도 못 했으며 어떤 질문에도 장난처럼 분위기를 만들어 버렸다. 나는 보조 선생이었기때문에 학생들과 개별상담은 할 수 없었다. 복지관에 일찍 도착해 아이들을 기다리고 있었다. 늘 늦게 나타나던 그 남학생이 교실을 지나다 나를 발견하고는 "오늘 또 왔네요"라며 머쓱한 인사를 그렇게 했다. 그 남학생은 나의 주변을 돌며 나가지도 않고 교실에 앉지도 않고 나의 이목을 끌 행동을 했다. 책을 보다가 고개 들어보니 남학생은 구석 어느 자리에 앉아 있었다. 나와 눈이 마주친 남학생은 "나는 어제 집에 안 갔는데"라며 말을 꺼냈다. "왜?" "어제 아빠가 술 마시고 욕을 해서 아파트 보일러실 앞에서

잤어요" 했다. "안 무서웠어?", "집보다 나아요", "엄마가 걱정 많이 하셨겠다", "괜찮아요" 이렇게 짧은 대화가 오갔다.

수업이 끝나고 나는 실습 담당 선생님께 그 친구 이야기를 꺼냈다. 그 남학생의 아버지는 '알콜의존증'이 있고 당시 무직이라고 했다. 늘 욕을 했고 폭력을 휘두른다고 했다. 그 당시만 해도 가정폭력을 제재할 제도적 장치가 없었다. 어머니는 경제적 능력이 없었고 아이들을 지킬 힘도 없다는 상담 내용을 일러 주셨다. 그 남학생은 아버지의 줄 주정 모습을 그대로 답습했고 프로그램에 참여한 아이들에게 욕을 하고 폭력을 휘둘렀다. 선생님이 제재하면 장난이라며 싱긋 웃었다. 그 남학생은 수줍음이 많았고 아직 때묻지 않은 순수함이 많은 학생이었다. 자신이 하는 행동이 얼마나 위험하고 잘못된 것인지 잘 몰랐다.

그날 이후 잘못된 가정환경에서 자란 저 아이가 사회에 미칠 악영향을 생각하니 끔찍했다. 2주 실습 시간이 끝난 나는 더는 그곳에 갈 기회는 없었고 그 아이들이 어떻게 성장했는지 소식도 모른다. 다만 그때 적잖게 놀라서 어느 집 아버지가 욕을 한다거나 폭력을 휘두른다고 하면 나는 주저함 없이 무조건 이혼을 강조했다. 차라리 한 부모 가정이 그 아이에게는 더 좋은 환경이라고 생각이 들었다. 그러나 어머니들은 아이가 좀 더 자랄 때까지 기다렸다가 이혼할 것이라 했다. 나쁜 습성이 고착화될 때까지 기다려 준다는 것인가.

제주에 와서 새로운 친구를 사귀었다. 스물일곱 살의 청년이다. 그 친구를 처음 봤을 때 너무 사납게 생겨서 가급적이면 마주치지 않으려고 했다. 동네 분과 어느 절 이야기를 하고 있었다. 몇 번의 안면이 있었던 터라 나에게 먼저 인사를 했고 "나도 절 좋아해요"라며 대화에 끼어들었다. "부산분이세요? 나도 부산 잘 아는데"라며 자연스럽게 자신의 이야기들을 했었다. 사실 자신은 아픈 사람이라며 정신장애 3급이라고 했다. 순간 정신지체와 혼동이 왔다. 그 친구는 자신의 병에 대해 자세히 설명해주었다. 일 년을 병원에서 입원 및 치료를 받았고 지금도 약을 먹고 있지만 많이 좋아진 것 같다고 했다. 예전보다 화도 덜 난다고 했다. 어떤 질문도 할 수 없었다. 한참을 자신의 학창시절 이야기, 첫 직장 이야기, 군대 이야기를 하다가 헤어졌다. 속으로는 살짝 겁이 나기도 했다. 이틀 후 건물 편의점 앞에서 커피를 마시다 마주쳤다. 가벼운 인사를 주고받다가 자신이 너무 힘들 때 귀한 인연을 만나 마음의 평정을 찾은 이야기 그 선생님 덕분에 인생이 바뀐 이야기 등 좀 더 진솔한 이야기를 꺼내었다. 자신의 정신질환의 원인은 부모님 때문이라고 했다. "저는 세 살의 기억이 있어요. 부모님이 크게 싸우신 모습이 아주 생생해요." 나는 일곱 살 기억도 겨우 하는데 대단하다 싶었다.

"부모님은 자주 싸우셨고 저렇게 미워하고 싸우시는데 나를 왜 낳았지? 라는 생각을 가졌어요"라고 했다. 차가운 가정의 공기로 인해 자기의 존재에 대한 불안함을 느꼈다고 했다. 그때 그 아이는 호기심이 너무 많았고 궁금한 것 투성이였는데 부모님은 전혀 알려 주지 않았다고 했다. '삶이 지쳐 아이에게 많은 관심을 쏟을 수 없었나 보다'라고 생각했다. "부모는 절대로 절대로 아이들 앞에서 싸우면 안돼요. 어리다는 것은 어리석다는 것인데 모르는 아이들은 부모가 싸우면 자기가 잘못 태어난 존재로 여긴단 말이에요." 많은 아이들은 부모의 싸움에 노출이 되어 자란다. 모든 아이들이 저 친구처럼 심하게 드러내며 아프지는 않겠지만 다들 마음의 병은 가지고 있을 것이다. 그 친구의 부모님은 그 친구가 중학생일 때 이혼을 하셨다고 했다. 그 친구가 어머니와 스피커폰으로 통화하는 것을 들었다. 어머니의 목소리에는 애정이 가득했다. "얼마 전 어머니와 통화하던데 어머니 목소리 꽤 젊으시데요," "십오 년 동안 엄마와 연락을 안 했어요. 지금은 내가 매일 전화해요." "어머니 연락처를 몰라서?" "아니요. 그때는 전화하고 싶지 않았어요. 1년 전쯤부터 엄마에게 연락을 했어요. 책을 많이 보면서 궁금했던 모든 것들이 풀렸어요. 마음에 있는 화도 많이 가라앉고 기분도 좋아지고 있어요. 그래서 두 분이 어떻게 만나 결혼을 했고, 내가 왜 태어나게 된 것인지 물어볼 수 있었어요. 어머니 쪽에서 결혼을 많이 반대했지만 어머니가 아버지를 많이 좋아했다고 했어요. 그리고 내가 태어났어요. 아버지의 능력이 엄마에게 만족이 안 되니까 싸울 수밖에 없었고 결국 이혼하셨지만 나는 다 풀렸어요." "어떤 것이 풀렸다는 거예요?" "엄마가 아빠 좋아해서 결혼했고 내가 태어났다는 이야기를 들었잖아요. 나는 몰랐거든요. 이제는 지금은 너무 행복해요. 그래서 매일 엄마에게 전화해요." 몇 번의 대화뿐이었지만 이 친구는 굉장히 예민하고 영리한 친구임을 알 수 있었다. 자신이 읽고 있는 책들을 이야기해준다. 마흔 여덟에 듣고 깨우쳐 가는 마음공부를 이 친구는 일찍 만났고 일찍 깨달았음을 알 수 있었다.

중학교 시절 내 친구가 나에게 고백했던 고민거리가 생각난다. 친구 부모님은 말싸움을 자주 했다고 한다. 크게 무섭게 싸우지는 않았지만 투탁투탁거리셨고 어머니는 항상 뒤에서 '궁시렁' 거리며 서로에 대한 불평불만이 많았다고 했다. 어린 자신에게 어머니는 늘 아버지 험담을 했다고 했다. '무식해서 그렇다', '사람이 인정머리가 없다'는 등 매일 불만이었다고 했다. 자신이 공부가 쳐지는 것도 아버지 닮아서고, 심부름을 잘못해도 아버지 닮아서였다고 했다. 어떤 날은 "너도 네 아버지처럼 내 인생 짐짝이다"라며 무섭게 노려보시고는 "아이고 내 팔자야" 하며 한탄을 했다고 했다. 아버지와 충돌이 있고 나면 늘 "저 인간 언제 죽나! 귀신은 저 인간 안 잡아가고 뭐해"라며 푸념을 하셨다 한다. 그러면 아빠를 닮은 자기 자신이 너무나 싫어진다고 했다. 아버지 닮아 공부 못해서 엄마에게 미움받는 자신이 싫었다고 했다. 그렇게 자존감이 무너지기 시작하는 것이다. 지금 생각해보면 그 친구는 늘 어두웠던 것 같다. 그 당시 나도 부모님의 이혼으로 마음은 어두웠지만 존재감에 대한 부정은 없었다. 사랑하는 사람을 잃어버린 상실감이었지만 자존감은 남아 있던 시절이었다. 그 친구는 수업시간 책 읽기를 하면 너무 떨어 무슨 내용인지 알 수 없었다. 이름만 불리어도 금 새 얼굴이 빨개졌고 뭐든 자신이 없어 했다. 내가 노래를 하자고 해도 "못해" 그림을 그리자고 해도 "못 그려" 늘 못한다는 말뿐이었다. 너무 답답했고 그 친구가 싫어졌다. 재미가 없었다. 그리고 자연스럽게 멀어졌다. 그 친구는 자기 자신에게 잘해주는 내가 좋다고 했다. 그 친구를 좀 더 보듬어주기에는 나도 어렸고 내 마음도 어두웠다. 책을 쓰면서 잊었던 그 친구의 얼굴이 생생히 떠오른다.

이 사례의 부모님들을 욕하거나 비난할 수 있다. 무식해 보일 수 있다. 그러나 지금도 여전하다. 여전히 부부 간의 날카로운 대화 옆에 자녀들이 방치돼 있음을 자주 본다. 배우자의 험담을 자녀들은 여과 없이 듣는다. 그리고 그런 몹쓸 사람의 피를 가진 자신에 대한 자괴감을 매번 확인해준다. 부부가 싸움이 없다는 것은 관심도 애정도 없다는 것이다. 부부싸움은 당연히 있어야 한다. 다만 아이들은 그 싸움의 원인도 모르며 두 사람의 감정도 모른다. 어떤 싸움을 했건 아이들에게 우선 사과를 해야 한다. 그리고 싸움의 원인을 이야기 해주어야 한다. 도저히 살 수 없을 것 같다는 생각이 들 때는 "엄마, 아빠가 이런 이유로 함께 사는 것이 너무 힘들다. 너희 생각은 어때?"라며 함께 이야기할 정도의 성숙함이 있어야 한다고 생각한다. 그런 가운데 아이들은 부모에게 가족의 구성원으로 인정받음으로써 높은 자존감을 유지한다. 건전하고 긍정적인 대인관계를 유지할 수 있다.

이혼을 망설이고 주저한다. 나의 맘 같지 않은 배우자의 미움이 매일매일 커가고 있다. 아이를 위해 가정을 유지한다. 이것은 너무나 위험한 일이다. 당신이 배우자를 비난할 때 그 배우자의 유전자를 가진 아이들은 마음의 병을 안고 살아가게 된다. 심하게는 정신장애 친구까지 나는 만났지 않은가. 비난적이며 폭력적인 언행은 아이들은 답습한다. 참는다는 것은 상황을 버티는 것을 말하는 것이 아니다. 더럽고 치사하고 분노가 치밀어도 아이들이 함께하는 공간은 따뜻해야 한다. 서로의 비난의 목소리가 들려서는 안 되는 것이다. '너의 아빠는 훌륭해. 그래서 너도 훌륭한 거야. 너를 사랑해. 너는 엄마를 닮아서 너무 다정하고 좋은 사람이야.' 등 아이들에게는 손발이 오그라들 정도로 배우자를 칭찬하고 인정해주어야 한다. 이런 마음의 여유도 없고 회복이 불가능하다면 이 사회를 위해서라도 당신은 이혼을 미루지 않기를 부탁한다. 그런 결혼생활을 붙들고 있다면 당신은 유죄다. 아이에 대한 유죄. 사회에 대한 유죄. 당신의 미움과 분노와 원망의 바이러스가 아이들에게 전염되지 않도록 당부한다.

당신을 진심으로 사랑하는가?

영화 〈결혼이야기〉를 보았다. 뉴욕에서 극단을 꾸리며 살아가는 천재 프로듀서 찰리(아담 드라이버)와 그와 함께 LA를 떠난 뉴욕에서 함께 양육하며 살아가는 니콜(스칼렛 요한슨)이 주인공이다. 너무나 달랐던 두 사람이 사랑에 빠졌고 그 사랑은 영원할거라 생각한다. 세월은 흘렀고 문득 뒤돌아 지난 날을 돌이켜 보니 니콜은 찰리를 사랑해온 동안 자신은 어느새 세상에서 사라져 버렸다고 슬퍼한다. 사랑하기에 내려놓음은 당연하지만, 남편의 커리어와 재능을 보고 있으니 너무 일방적인 내려놓음을 느끼게 된다. 찰리는 자신의 성공을 위해 니콜이 필요했다. 자신을 지지해주고 밖에서 하는 일 외 모든 일은 니콜이 희생해준다. 니콜에게는 찰리가 정말 필요한 사람일까?

결혼은 각자의 자리가 있어야하는 것이다. 나는 배우자가 필요해서 결혼한 것이다. 배우자는 내가 필요해서 결혼한 것이다. 그러나 많은 결혼을 들여다보면 배우자는 하고 싶은 많은 것을 하면서 괜찮은 삶을 산다. 그러나 나의 삶이 괜찮지가 않다면 누구를 위한 결혼인 것인가를 되돌아보게 된다. 주변을 보면 살아주는 결혼을 하는 사람들이 많다. 여자가 남편을 맞춰줘야 한다는 생각이 지배적이라고 생각한다. 보통의 아내들은 남편의 작은 성공에도 너무나 기뻐하며 칭찬을 아끼지 않는다. 남편의 성장을 위해 많은 희생을 감수한다. 그러나 남자들은 오히려 아내의 성공을 질투한다. 아내의 성장과 성공을 달갑게 여기지 않음이 너무 익숙함이 속상하다.

찰리가 내외하는 것을 알게 됐다. 서로의 목소리를 듣지 않음을 알게 되었고 바라보지 않음을 알게 됐다. 니콜이 캐스팅이 되어 기뻐할 때도 지지해주는 모습은 없다. 니콜의 마음 한곳에 외로움이 사무치게 되고 그 슬픔을 이해못하는 찰리와 서서히 벽이 생기면서 이혼을 마음먹게 된다. 처음 두 사람이 이혼을 합의하고 조용하고 깨끗하게 이별을 하자고 했지만, 주변 지인들의 소개로 변호사가 끼며 이혼소송과정들이 굉장히 현실적으로 그려진다. 이혼 소송은 최악의 싸움이다. 사람들 앞에서 발가벗겨진 두 사람이 싸우는 모습을 보여야 하는 것이다. 이 과정에서 두 사람의 마음은 더 상처를 받고 피멍이 든다. 아이의 양육권을 가져오기 위한 이 싸움은 부모의 삶은 파국을 맞이해도 상관없음을 보여준다. 변호사들의 명성을 위한 희생양이 돼버린 듯 했다. 이길 것 같은 소송이기 때문에 더 적극적으로 바닥까지 끌어내리는 변호사와 어떻게든 질질 끌면서 소송비를 더 받아내려는 변호사끼리의 싸움이다. 나는 두 번의 이혼 모두 운 좋게 합의이혼을 했다. 아이가 없어 더 간단했을 수 있다. 이 영화를 보면서 누군가 이혼소송을 한다면 절대 말리고 싶다는 생각을 했다.

이혼 후 니콜은 찰리의 머리카락을 잘라주고, 풀어진 신발끈도 묶어준다. 자신의 결혼생활에 대한 비난도 원망도 없다. 남편을 사랑하던 시절 그 행동과 동일한 모습을 보며 참 성숙한 모습에 가슴이 찡했다. 이혼 후 원수처럼 '너는 너 나는 나'로 끝나 버린다는 것은 나의 결혼생활을 인정하지 않는 것이다. 그것은 나를 인정하지 않게 되는 것이다. 어떤 형태가 되었건 나의 역사이다. 그 결혼에 대한 후회도 비난도 없이 인정해야 한다. 소송의 과정에서 너무나 처참히 추락한 관계가 되었지만, 한때 부부였던 관계를 멋지게 유지하는 미국의 문화가 보여진 영화라 생각했다. 니콜은 무조건 자신의 행복을 위해 이혼을 한 것이 아니다. 찰리에 대한 원망으로 이혼을 한 것도 아니다. 다만 자신의 자리를 찾아간 것일 뿐이다. 두 사람은 헤어졌지만 그들은 아이의 엄마이고 아빠이다. 그것을 인정하는 모습을 보며 더 성숙한 이혼의 문화가 이뤄져야 한다고 생각했다.

중학교 시절 혼자 진로를 선택해야 했다. 어떤 누구의 조언도 듣지 못했다. 공부하는 법도 몰랐다. 학교 수업을 듣고 시험 전날 책을 보는 것이 전부였다. 지금 생각해보면 아이 같은 어리석음의 기간이 꽤 오래 지속되었던 것 같다. 친구들과 장해희망을 이야기 할 때 나는 떠오르는 것이 없었다. 내가 무엇을 할 수 있다는 생각이 없었기 때문이다. 고등학교 원서를 실업계로 넣었다. 대학 진학을 할 마음이 없었기 때문에 굳이 인문계를 갈 이유는 없었다. 고등학교 시절 역시 큰 목적도 생각도 없이 해야 할 일만 하면서 보냈다. 실업계는 자격증 준비할 것이 많았다. 친구들이 학원을 가야 한다고 해서 함께 다녔다. 나는 자격증만 있으면 은행 취업은 가능했던 성적이었다. 그러나 취업에 대한 열정도 갈망도 없었다. 미래에 대한 의욕이 전혀 없었다.

고등학교 선생님인 외숙모가 처음으로 나의 진로에 대해 물어보았다. "여상 다니는데 무슨 진로가 있어요? 졸업하면 어디 취업해서 돈 벌겠죠." 너무나 심드렁한 나의 대답을 듣고는 대학에 꼭 진학하기를 바란다고 했다. 실업계는 학업이 인문계보다 부족하기 때문에 예체능을 권유했다. "대금 어때? 지금이라도 시작하면 부산대학교는 갈 수 있어." 나는 다섯 번째 손가락이 다른 사람에 비해 유독 짧다. 그래서 초등학교 시절 리코더를 불면 항상 마지막 구멍을 막을 수 없어 안 좋은 소리를 냈다. 그래서 대금은 자신이 없다고 했다. 좋아하는 것이 무엇이냐고 물었다. 처음으로 누군가가 나의 진로에 관심을 보였다. 부모님은 스스로 알아서 하라고만 하셨기 때문에 어떤 선택도 누구와 의논해본 적이 없다. 대학에 간다는 것이 나쁘지 않을 듯 했다. 그리고 미대를 가겠다고 준비를 했다. 고등학교 2학년 미술학원을 등록을 했다. 나는 디자인을 전공하고 싶었다. 실업계는 학력고사에 불리하다며 진학이 쉬운 동양화나 조소를 권했다. 둘 다 마음에 들지 않았지만 대학에 가는 것이 목적이었고, 예술가가 되겠다는 생각이 없었기 때문에 조소 전공을 선택했다. 고등학교 내신은 최소 부산대학교나 동아대학교는 자신 있었다.

반에서 유독 나를 따라다니던 친구가 있었다. 나는 친구를 사귀지 않았기 때문에 그 친구가 너무 성가셨다. 자신의 불행했던 이야기를 편지에 써보내면서 친구가 되고 싶다고 했다. 안쓰러운 마음에 대학 진학이라는 목적을 잊고 대부분의 시간을 그 친구와 함께 보냈다. 미술학원을 가면 혼자 있어야 하기 때문에 학원도 거의 가지 않았다. 처음 만화방이라는 곳도 가보았다. 처음 학교도 결석해보았다. 기말고사도 빼먹고 돌아다녔다. 나는 내가 무슨 짓을 하고 다니는지 생각 자체가 없었다. 그리고 겨울방학 받아본 성적표는 대학을 포기해야 할 정도의 바닥이었다. 그래도 나는 그 친구와 어울리기를 멈추지 않았다. 결국 대학 진학에 실패했다. 그 친구와도 좋지 않은 일로 더는 만나지 않게 됐다. 나는 후기대와 전문대는 갈 마음이 없었다. 대학을 포기하려다 라디오에서 어느 가수가 원하는 대학을 가기 위해 삼수를 했다는 이야기에 재수를 결심했다. 그리고 다음 해 목표했던 대학은 아니지만 합격은 했다. 나의 목적은 대학 진학까지였다.

대학 진학 후 나는 매너리즘에 빠졌다. 한 학기 내내 학교를 빠졌다. 결국 학사경고를 받았다. 친구들의 도움으로 학교로 끌려갔고, 학사경고 덕분으로 4학년 여름방학은 학점 메우기 위해 학교에서 살았다. 두 번째의 목적은 졸업이었기 때문이다. 졸업 후 자연스럽게 미술학원에 취업을 했다. 눈뜨면 일하러 가는 것이지 아이들을 가르치는 것에 대한 특별한 사명감 없었다. 그때그때 상황에 맞게 살았다. 28년을 꿈 없이 상황에 맞게 살아 내었다. 다행히 성실함과 책임감이 남달랐던 덕분에 어느 곳을 가던 환영받는 사람이 됐던 것 같다. 다만 기계적 의무적 일을 하다 보면 항상 딜레마에 빠졌고 그리고는 그 자리를 도망치듯 나와 이곳저곳 많이 헤맸다. 28년을 끊임없이 일을 했지만 나는 어느 분야에서도 전문성을 갖지 못했다.

당신의 이혼도 정확한 꿈을 가지고 해야 한다. 니콜은 찰리의 외도와 자신의 외로움으로 이혼을 선택한 것이 아니다. 니콜은 자신의 꿈이 분명했고 자신이 있어야 할 곳을 정확히 알고 돌아갔다. 두 사람이 함께할 수 없기에 이혼을 선택했을 뿐이다. 불행한 결혼생활의 회피, 도피의 목적인 이혼은 당신에게 커다란 혼란을 줄 것이다. '그냥 참고 살 것을 그랬나? 그때가 더 편했을 수도 있었는데.' 당신을 사랑하고 존중한다면 불행한 결혼생활은 청산 하는 것이 바람직하다. 다만 당신이 그 불행으로부터 무엇을 배웠으며 무엇을 위한 불행이었는가를 정확히 알아야 한다. 28년을 목적

없이 살아지는 대로 그때그때 맞게 살아보니 남겨진 것은 두 번의 이혼 경력뿐이다. 늘 방황하고 타들어 가는 갈증에 애를 태우며 살았다. 나는 열심히 착하게 살았다. 내 삶은 왜 이런 것이지? 왜 나에게는 목적도 꿈도 없는 것이지? 나는 무엇을 해야 하는 것이지? 이런 늦은 고민을 사십 여덟에 시작했다.

다행히 나에게는 목적과 꿈이 생겼다. 나를 사랑하는 법을 알게 됐다. 나를 사랑하면 믿음이 생긴다. 그 믿음으로 나의 꿈을 더 확신할 수 있게 됐다. 그리고 용기가 생긴다. 나 자신에게 처음으로 생긴 믿음이다. 비행기가 목적 없이 열심히 빠르게만 난다면 결국 추락하고 만다. 이혼을 준비하는 당신, 이혼 후 어떤 삶을 살고 싶은지 그려보길 바란다. 충분히 많은 시간을 가지고 목적을 향해 비행하길 바란다.

한번 사는 당신 인생!
당신이 먼저 행복해라

두 번째 이혼 후 나의 취미생활은 '혼술'과 텔레비전 시청이었다. 퇴근 후 할 일이 없던 나는 어떤 것에 집중하기란 어려운 상태였기 때문이었다. 강아지들이 놀아달라고 아무리 떼를 부려도 본 척만척했다. 간식 두어 개 던져 주고 나는 온 넋을 다 바쳐 텔레비전에 빠져 있었다. 그러나 내용은 기억이 없다. 그렇게 소주 두 병을 마시면 그 자리에서 곱게 잠이 들었다. 아침이 되면 아무 일 없듯 출근을 한다.

퇴근 후 술기운이 올라왔을 때쯤 어떤 아주머니가 이혼에 대한 상담을 하는 텔레비전 화면이 눈에 들어왔다. 자신은 큰 회사에 중견 간부라고 했다. 남편은 자신보다 능력이 많이 떨어지는 사람이라고 했다. 고민은 남편이 이혼을 요구한다는 것이다. 남편이 이혼을 요구하는 이유는 사랑하는 여자가 생겼으며, 더는 이 부인과 살기에 답답하다는 것이었다. "이야!. 나쁜 놈"이라며, 처음에는 '저런 사람이랑 왜 살아! 능력도 있겠다. 당장 헤어지지. 저 여자 미련하네' 라며 화가 났었다. 패널들과 사회자 역시 나와 같은 마음이었다. 사회자가 질문했다. "이혼을 망설이십니까?" 부인이 답했다. "아니요, 이혼하기 싫어요. 그런데 남편이 다른 여자 만난다는 생각에 좋게 달래다가도 버럭거리며 대화가 원점이 돼요"라고 했다. "그런 마음은 이해하지만 차라리 이혼을 하시는 것이 더 쉽지 않으실까요?"라는 질문에 부인은 머뭇거렸다. "아직 미련이 많이 남아 있으신가 봐요? 남편은 아내보다 능력도 떨어지신다면서요?" 하니 "이 사람과 헤어지면 다시는 이런 사람 못 만날 것 같아서요" 라고 대답했다. 부인의 말에서 아픔이 느껴졌다. "남편의 어떤 점이 그렇게 좋으신 거예요?" 하고 물으니 "인품이요. 저는 다혈질이고 좀 괴팍한 면이 있어요. 그런데 남편은 다정다감하고 인자한 사람이에요"라고 대답했다. "다른 여자분 만나고 계시면서 이혼하자고 하셨잖아요. 부인이 이혼을 안 한다고 하면 같이는 살겠다고 하던가요?" 하고 질문하니 "아직 애들이 어리니까 내가 이혼을 안 하겠다고 하면 살겠다고는 했어요"라고 말한다. "아내도 아이들이 어려서 이혼을 못하시는 것인가요?" 하니, "아니오, 제가 못하는 거예요"라고 말하며, "그러면 큰 문제는 없는 거군요. 그렇게 살면 되시잖아요? 왜 나오셨어요?" 하니 아내는 눈물을 보이더니 "정말 이 사람 놓치고 싶지 않은데 자꾸 제가 한 번씩 쏘아붙여요. 그럴 때마다 남편은 이럴 거면 이혼하자고 하구요. 악순

환이에요. 진짜 내가 어떻게 해야 하는 것이 좋은 방법인지 모르겠어요" 했다. 음⋯. '내가 저 마음 알지' 하며 혼자 중얼거렸다. 살고는 싶고 속에서 열은 끊임없이 올라오고. 저 아내도 정신병원에 가지 않을 정도만 미쳐있겠구나 싶었다.

《어린왕자》에 보면 '익숙함에 속아 소중함을 잃지 말자'라는 구절이 있다. 사람들은 익숙함에 속아 소중한 것을 참 많은 것을 잊고 산다. 소중함을 잊고 살다 결국 잃어버린다. 잃어버릴 위기에 닥쳐서야 후회를 한다. 그때는 너무 늦어 버린 것이다. 나 역시 소중함을 잃어 버리고 참 많이도 아파해야 했다. 첫 남편의 다정함과 인자함에 마음껏 내 마음으로 살았다. 시아버님 돌아가시고 줄곧 내 마음으로 살았다. 사랑하는 남자가 아니었기에 남편이 나에게 소중한 사람인줄 몰랐다. 결혼은 했으니 그렇게 살 줄 알았다. 어느 날 사랑이 하고 싶다는 생각이 간절해졌다. 시아버지를 모시던 시간이 공백으로 남겨지자 너무 외롭다고 느끼게 됐다. 시아버지가 계시던 남편과 나 사이에 아무것도 채워지지 않았다.

가끔 채팅으로 서로의 고민을 주고받는 사람이 있었다. 그 사람은 나보다 두 살 어린 미혼자였다. 자신은 결혼에 대해 깊은 고민 중이라고 했다. 나는 그 사람에게 결혼은 꼭 사랑하는 사람과 하라고 말했다. 사랑하는 사람과 결혼해도 살다보면 관계가 소원해지고 혼자 일 때 보다 둘이어서 더 외로울 수 있다고 했다. 그런 말을 하면서 나는 더 외로움을 느꼈다. 사랑이 하고 싶어 몸살이 날 정도였다. 남편의 숨소리조차 듣기 싫어졌다. 늦은 시간 퇴근을 미루고 일 핑계로 새벽에 귀가하는 날도 늘어갔다. 주말에는 취미로 그림을 그리러 갔다. 그들과 어울려 술을 마시는 날도 많았다. 이렇게 나는 혼자 끙끙대며 살았다. 남편과 나는 대화가 없었던 것 같다. 이러는 날 이해해주어야 한다고 생각했다. 그러다 경제적인 문제로 크게 다투었다. 남편이 나에게 뭔가를 속인다고 생각을 했지만, 남편을 믿기로 했다. 내가 알려고 노력하지 않았지만 남편의 거짓말이 다른 사람의 입을 통해 나에게 전해졌다. 나에게 거짓말을 했다는 이유만으로 나는 너무 분해했다. 그리고 여행 가방에 짐을 꾸려 나가라고 던져 버렸다. 다음날 이성을 찾은 나는 미안하다고 했고 들어오라고 했지만 돌아오는 대답은 "이혼하자"였다. 나는 하늘이 무너져 내린다는 말뜻을 그때 알았다. 곁에서 사라지고 나서야 얼마나 나에게 소중했던 사람이었나를 사무치게 느끼게 되었다. 남자로서 사랑하지 않았지만 남편에게 익숙해져 있었다. 편안함과 다정함에 취해 있었지만 몰랐던 것이었다.

그 익숙함을 잃지 않으려고 나는 또 다른 소중함을 잃어야 했다. 이혼 통보를 받고 친정집에서 울며 끙끙 앓아누웠다. 이렇게 속상해하면 남편은 항상 달래주었다. '내가 이렇게 아프다고 하면 달래러 와주겠지' 했는데 남편은 아주 냉정하게 변해 있었다. "네 탓이다. 전화 하지마라." 한 번도 보지 못한 남편의 냉정함에 나는 너무나 슬펐다. 갑을이 바뀐 것이다. 아버님 모실 때 나는 갑이라는 마음으로 남편은 을이라는 마음으로 살았던 것이었다. 이제 나는 아무것도 아닌 존재임을 알았어야 했었다. 매일 울며 사정하고 매달렸다. 일 년을 징그럽게 굴었다. 그 익숙함을 찾고 싶어 나는 '나'라는 소중함을 잃었던 것이다. 남편을 되찾고 싶어 나는 끝없이 더 불쌍해졌다. 연민의 정을 구걸하느라 나라는 존재를 완전히 부정하게 됐다. 내가 도대체 무슨 짓을 한 건가 싶어 정신을 놓을 때도 많았다. 주위에서 어떤 위로를 해주어도 들리지 않았다. 감정이 하루 몇 십번씩 파도를 탔다. 시댁 식구들 붙들고 하소연도 했다. 그럴수록 남편에게 나는 더 추한 모습으로 그려지고 있음을 알지 못했다.

만약 이혼을 남편의 바람대로 쉽게 받아들였다면 어땠을까? 하는 생각을 해본다. 그렇게 사랑이 하고 싶어 몸살이 났던 내가 그 익숙했던 시간에 대한 미련을 좀 더 빨리 거두었더라면 어땠을까? 남편에게 매달리던 그 에너지를 나에게 쏟고 담담하게 이혼을 받아들였다면 비참함을 그렇게 많이 느끼지 않아도 되었을 것이다. 비참함을 덜 느꼈다면 자신감과 자존감을 많이 잃지 않았을 것이다. 어리석었던 나는 비련의 여주인공에 빠져 사는 것을 선택했다.

선택을 망설인다는 것은 두 가지 중 어떤 것을 선택해도 된다는 것이다. 두 가지 모두 동전의 양면을 똑같이 가졌기 때문이다. 똑같은 무게의 것을 두고 선택을 망설이면서 당신의 가장 소중한 시간과 젊음을 과거로 놓치게 되는 것이다. 미래는 도착과 동시에 찰나의 시간을 머물다 과거가 된다. 잃어버림에 대한 두려움으로 선택을 미루고 미련과 아쉬움을 쥐고 있다면 더 큰 고통과 함께 해야만 한다. 두려움은 내가 만든 망상이다. 자신이 해야 할 선택을 다른 이의 권유로 한다는 것은 자신의 인생이 자기 것이 아님을 말하는 것이다. 다시는 지금 만큼의 사람을 만날 수 없다는 것은 인정해야 한다. 나의 잘못으로 좋은 사람 잃어버림을 인정하자. 그리고 나를 되돌아보고 나를 더 좋은 사람으로 만들어야 한다. 소중함을 잃어버리고 내가 좀 더 성숙하게 된다면 더 큰 선물을 받을 수 있다는 것을 우리는 알아야 한다. 나의 낮은 수준에서 그만한 사람 만났음을 감사하고 더 높은 수준으로 나를 회복시키자. 그렇게 할 용기만 있다면 훗날 지금의 남편이 더 고맙고 나또한 그 사람의 행복을 위해 놓아 주었음에 자기 자신이 고마워질 것이다. 성숙해진다는 것은 세월을 보내면서 먹는 나이에 따라 그저 쫓아와 주는 것이 아니다. 아픔을 수행하듯 받아들여야 한다. 당장 죽을 것 같다면 죽었다고 생각하자. 나를 죽이고 돌아보면 결코 절망이 아니었음을 알게 된다. 어떤 선택도 답은 없다. 답은 스스로가 만드는 것이다.

내 팔자는 왜 이럴까? 나는 왜 남들처럼 살지 못할까? 나는 왜 이혼을 겪게 되는 것일까? 이런 넋두리 참 많이 했었다. 하늘의 뜻도 아니고 팔자도 아니다. 나의 수준이 딱 거기까지였다. 좋은 사람 만나도 귀한 줄 몰랐고, 힘든 시간 보낸 끝에 새 인생 살 기회를 주어도 잠시의 고통 못 참고 또 어리석은 선택을 했다. 결혼 생활을 잘 만드는 사람들의 이야기를 들어보면 '어떻게 저렇게 말을 하지? 어떻게 이해하지?' 싶다. 마음이 너그럽다. 포용력이 대단하다. 자존감이 낮은 사람은 자존심을 내세우고 산다. 자존심을 내세우고 이겨 먹겠다는 마음이 상대를 지치게 만든다. 도미노를 쌓다가 넘어뜨릴 수 있다. 너무 안절부절할 필요 없다. 실수에 대한 자책도 필요 없다. 무엇이 문제였는지 차 한잔 마시며 마음을 진정 시키면 된다. 그리고 다시 정성스럽게 하나하나 쌓는다면 처음의 실패는 성공을 위한 좋은 교과서가 될 것이다. 진정 당신을 사랑하고 사랑하는 당신을 위한 선택을 할 수 있기를 응원한다.

이혼은 번지점프다

시아버지는 1년 정도 폐암으로 투병생활 하시다가 초겨울 돌아가셨다. 우리 부부에게는 아주 힘겨운 시간이었다. 우리의 연결고리는 시아버지였기 때문이다. 그 결혼은 시아버지를 내가 모시겠다고 시작한 것이기에 내 마음도 정착할 곳 사라진 기분이었다. 서로 사랑을 해서 결혼한 부부가 아니었다. 목적이 있었고 필요성이 있었기 때문에 부부가 된 것이다. 부부라고 하기에는 우리는 위태로운 모습들이 많았다. 시아버지가 돌아가시고 그 사람의 일자리도 혼란기가 왔다. 나는 미술학원 강사생활을 접고 예전 원장님 입시논술학원으로 자리를 옮겼다. 입시생들 대상이기에 퇴근시간은 항상 밤 열한 시가 넘었다. 신생학원이었기에 학원에 대한 의논으로 퇴근 후에도 바로 집에 가지 않은 날도 많았다. 시아버지가 계시지 않은 집에서 내가 할 일이 없었다. 그래서 밖으로 돌게 되었다. 무엇이든 해야 했다. 취미를 가져야겠다는 생각으로 함께 모여 그림을 그리는 교습소를 나갔다. 나에게는 가족이라는 개념이 없어졌다. 우리는 더는 부부가 아닌 동거인이었다. 경제적 상황도 많이 나빠졌다. 서로의 직장이 안정권에 있지 않았기 때문이었다. 대화도 줄었고 서로에 대한 불편함을 속으로 삭히고 있었던 것 같다. 오래가지 않아 결국 불만은 터졌다. 같이 살아야 할 이유가 사라진 부부였으니까. 내가 먼저 집을 나가라고 했다. 집은 나간 그 사람은 이혼을 하자고 했다. 너무 기다렸다는 듯 한 번의 큰 싸움으로 이혼을 원하다니. 너무나 커다란 충격이었다. 그 사람에게는 더는 내가 필요가 없었던 것이다. 너무나 원망스러웠다.

아마도 그 당시 나에게 우울증이 왔었던 같다. 내가 살았던 모습을 떠올려 보면 정신없는 사람처럼 그냥 이리저리 목적 없이 떠있는 난파선 같은 모습이다. 일하는 것 외 사생활은 정말 엉망이다. 우리는 별거에 들어갔다. 싫든 좋든 옆에 있던 사람이 없어지고 나니 집착이 생겼다. 사랑은 아니었어도 나의 동지였고, 함께했던 시간들이 소중했기에 냉정하게 칼로 무 자르듯 잘리지 않았다. 주변 사람들에게 매달리고 여기저기 다니며 하소연하고 내 편을 들어달라고 했다. 이미 그 사람 마음은 저 멀리 떠나 있었는데 소용없었다. 누가 곁에 있던 관심도 없었다. 오직 내가 힘들어하고 아파했기 때문에 나를 위해서 집착을 했던 것이다. 시아버지가 돌아가시면 내가 선택한 결혼생활이 끝날 것이라는 불안함은 결혼 시작부터 품고 있었다. 그것이 현실이 되니 더 견디기 힘들었다. 그러면서 '어떻게 나에게 이럴 수 있어! 병든 아버지 돌아가시고 나니 이제 나는 필요 없다는 것이군!' 분노가 차올랐다. 그 분노는 이별의 슬픔보다 더 나를 피폐하게 만들었다. 그리고 더 집착했고 '차마 이혼은 못하겠어'라는 마음이 '절대 이혼은 해줄 수 없어'라는 마음으로 바뀌었던 것 같다. 매일 울며 전화를 했다. 거절 메시지를 들으며 울고 또 울었다. 어쩌다 통화가 되면 다시 시작하자고 매달렸다. 그 사람은 나를 거머리 보듯 했다. 내가 거머리처럼 떨어질 생각을 하지 않으니 "미치겠다! 팔짝 뛰고 울고 싶다"며 울화를 터트리던 그 사람 표정이 생생하다. 매일 매일 심장이 난도질당하듯 그렇게 아팠다.

이혼 서류를 법원에 제출했다. 4주 후 법원 앞에서 만났다. 이제 들어가서 "네" 한마디만 하면 모든 것이 끝난다. 심장이 너무 심하게 뛰었다. 머리가 어지러웠다. 숨이 짧아지면서 아찔한 느낌이 들었다. 길에서 쓰러져 버렸다. 이혼을 회피하고 싶은 마음이 심한 불안증으로 와서 잠시 의식을 잃게 만들어 준 것이다. 나는 고마웠다. '일단 오늘은 이혼 실패' 안도의 한숨을 내쉬었다. 일 년을 이렇게 반복했다. 나는 울며 찾아다니고, 떼쓰며 이혼을 거부했다. 그 사람은 이혼이 너무나 시급한 듯 보였다. 최선을 다해 이혼을 원했다. 열의를 다해 나를 욕했다. 법원만 네 번을 다녀왔다. 내가 이혼을 거부해 도저히 방법이 없었다. 그 사람은 소송으로 가겠다고 했다. 협박도 했다. 회유도 했다. 난 상관없었다. 오로지 나의 아픔에 빠져 그 사람 말은 들리지도 않았다. 내가 하고 싶은 말만 했다. "내가 미안하다. 아니, 잘못했으니 집에 들어와. 이혼은 절대 못하겠어." 그러다 나도 지쳤다. 이혼을 해주고 싶어졌다. 그런데 마음이 말을 듣지 않았다. 더는 버틸 수 없었고, 모든 게 의미 없어 그만하자 싶었다. 잘살라며 없어져 주겠다는 문자를 넣고 소주 두 병을 마신 후 욕실에서 목을 맸다. 눈을 떠 보니 그 사람이 옆에 와 있었다. 목에는 심한 멍 자국이 선명했다. 그냥 술김에 편하게 가게 놔두지 참 어렵게 선택한 것인데 왜 살려 놓았을까 하는 원망이 생겼다.

구질구질하게 우리는 그렇게 다시 합쳤다. 집에만 들어오라고 했으니 집으로는 돌아왔다. 그것뿐이었다. 대화도 없었다. 나는 그냥 눈물만 났다. 이렇게 사는 것은 답이 아님을 알고 있었다. 해답은 알고 있었지만 내 마음 하나 추스르지 못해 두 사람이 불행의 정점을 찍고 있었다. 나는 그 사람 곁에 누군가 있다는 것도 알았다. 상관없었다. 나를 사랑해달라는 것은 아니었기 때문이다. 이혼이 싫었던 것뿐이었다. 참 이기적인 마음이었다. 몇 개월이 그렇게 지나 새벽에 거실에서 울고 있는 그 사람을 보았다. 그 순간 '내가 뭐하고 있지? 내가 집에다 붙잡아 두고 부부도 아닌 삶을 살면서 뭐하려고 이런 시간을 서로 갉아 먹는 거지?'라는 생각에 진심 미안한 마음이 들었다. 밖에서 이 사람 기다리는 여자도 불쌍하다는 생각이 들었다. 불륜일지언정 두 사람은 애틋했을 것이다. 나 하나 마음 추스르면 여러 사람들이 행복해진다는 것을 알게 됐고 다음날 이혼하겠다고 했다. 그리고 잘 마무리해주었다. 두 달 후 그 사람은 재혼을 했다. 임신 소식까지는 전해 들었다.

이혼해보니 별것 아니었다. 익숙했던 일들이 사라져 방황하는 것뿐이었다. 10년의 세월을 함께했으니 정도 들었고 내 편이라 찰떡같이 믿었던 동지에게 버림받은 그 정도의 배신감이었다. 이혼 전 온갖 상상들로 힘이 들었던 것뿐이었다. 곧 새로운 생활에 익숙해졌다. 이혼 후 경산에서의 모든 생활을 청산했다. 살림살이도 모두 내다 버렸다. 나의 옷가지만 챙겨 나의 고향인 부산으로 돌아왔다. 그리고 10년의 삶은 모조리 지워나갔다. 새로운 일에 적응하는 것이 쉽지 않았기 때문에 다른 잡념이 파고들 수 없었다. 심한 육체노동이 주는 고마움도 알게 됐다. 나는 다시 현실에 집중했고 지난 일들은 어떤 추억도 의미도 없는 시간이 됐다. 너무나 아까운 꽃다운 스물일곱 잘못된 나의 선택으로 10년이 통째로 잘려 나갔다. 그 10년이 나에게 필요했던 이유가 있었을까? 그때 나에게 남은 것은 원망뿐이었다. 오로지 배우자만 원망했다. 그 한마음뿐이었다. 이혼을 그렇게 서두르지 않고 잠시 떨어져 지내면서 서서히 이혼을 준비했다면 어땠을까 하는 생각을 해본다. 얼마나 이혼을 원했으면 그렇게 신속하게 처리하고 싶었는지 모르겠지만, 차라리 조그만 여유를 주고 기다려 줬다면 그 이혼은 좀 더 빨리 이루어졌을 것이다. 그 사람도 어리석었던 것이다. 어차피 부부다운 부부도 아니었다. 그리 오래갈 결혼생활도 아님을 서로 직감했지만 살아온 세월은 모두 무시한 채 그렇게 이혼만을 원한 다면 누구도 쉽게 받아 일 수 없었을 것이다.

살아온 세월 고마움 하나 없이 원망의 대상이 되어버렸던 나도 무조건 피해자가 아님은 안다. 누구의 잘잘못이 이제 와서 무슨 상 관있겠는가? 다만 안타까운 것은 2년이라는 시간을 너무 바보처럼 보내 버렸다는 것이다. 내가 조금 더 냉정했고, 조금 더 성숙했더 라면 마음도 덜 상했을 것이다. 나의 영혼도 덜 상처 받았을 것이 다. 내가 그렇게 초라하게 느껴지는 비극은 없었을 것이다. 아파도 참고 단호한 결정이 필요한 순간이 온다. 어떤 상황이 되었건 주저 하는 순간 너무 많은 선택지가 나타나고 우왕좌왕하게 되는 것이 다. 망설인다는 것은 어느 한 선택을 해도 반반의 손익을 가지고 있다는 것이다. 이럴까 저럴까 하는 동안 나의 영혼은 정말 무기력 해진다. 심한 우울증까지 겪어야 한다. 나는 술을 마시며 이리저 리 날뛰는 생각들을 주저앉혔다. 하늘이 무너진다고 해도 이렇게 유난 떨지 않았을 것이다. 아픈 것에 대한 참을성 부족이라고만 해 두고 싶다. 10년 전의 전전긍긍했던 내가 너무 아깝고 안타깝다. 그 시간으로 지금의 내가 돌아간다면 그 시절 너무나 심각했던 우 울 '조현서'에게 꿀밤이라도 한 대 때려주고 싶다.

이혼은 번지점프다. 뛰어내리겠다는 굳은 마음을 갖고 막상 타 워에 도착하면 정말 아찔하다 숨이 막힌다. 그냥 피할 수 있다면 피하고 싶어진다. 나는 이혼이라는 번지점프의 기회를 몇 번이나 회피했다. 울고불고. 세상 가장 기억되고 싶지 않는 마지막 모습을 보인 것이 가장 후회가 된다. 나는 연민을 원했다. 그렇게 추하게 감정에 구걸했던 것이다. 만약 멋있게 강단있게 받아들이고 한번에 뛰어내렸더라면, 나는 조금 더 씩씩해졌을 것이다. 조금 더 나를 진심으로 사랑할 수 있었을 것이다. 그랬다면 삶은 분명 변화했을 것이다. 이 책을 쓰는 지금 나는 청춘이라고 위로해주고 싶다.

미룰수록 행복은 멀어진다

우리나라에서 '졸혼'이라는 단어가 유행처럼 시작된 것은 '작가 이외수와 전영자 부부'의 기사가 나면서다. 부부 사이에 '졸혼'의 이야기가 나왔고 부인 전영자 씨는 무조건 좋다며 나와 버렸다고 했다. 남편은 부인이 버리고 떠났다고 생각을 하기 때문에 경제적 도움은 전혀 주지 않는다고 했다. 돈이 없으면 돌아올 것이라 생각했다는 것이다. 부인 전영자 씨는 혼자 지내는 시간이 너무 자유롭고 좋다고 한다. 44년을 늘 남편 곁을 지켰고 잠시 휴가 나온 기분이라고 했다. 3년의 시간은 자유를 즐기고 싶다고 했다. 진정한 졸혼의 의미는 아닌 것 같다. 요즘 연예인들의 졸혼 소식도 심심찮게 전해진다. 드라마 소재도 졸혼이다.

최근 배우 백일섭의 이야기도 화제였다. '백일섭'은 인기가 아주 많았고 36살에 아내를 만나 결혼을 했다. 가정을 위해 열심히 일했지만 가정에는 자연스럽게 소홀해질 수밖에 없었다. 늘 늦은 귀가를 했고 소리를 치던 아버지였다고 한다. 그러나 본인은 아버지로서 최선을 다했다고 생각했다. 연예인 가장들 대부분이 가족들과 섞이지 못하고 외롭다고들 한다. 백일섭 부부 서로의 성격이 너무 달라 힘겨워했고, 이혼은 아이들에게 못할 짓이란 생각에 졸혼을 선택했다고 한다. 부부가 따로 떨어져 살기로 한 것이다. 일부에서는 멋있다고 한다고 한다. 나이가 들면 아내에게 의지하게 되는 데 '백일섭'은 혼자 다시 일어섰기 때문이란다. 나이가 들어 선택한 편안함이라고 한다. 그렇지만 남편으로서 책임감을 버린 것이 아닌 인생의 새로운 도전이라고 많은 사람들의 지지를 받고 있다.

평균 수명이 50세가 안 되던 시대에는 부부가 50년만 함께 살아도 기적 같은 일이었던 시절이 있었다. 지금은 100세 시대다. 부부가 최소 70년을 살아야 한다. 100세 시대에 결혼생활이 유지되면서 각각의 삶을 살아보자는 것이 '졸혼'이다.

인도에서는 '해혼(解婚)'이라는 풍습이 있다. 자녀들이 출가하면 부부가 권리와 의무를 덜어버리고 한 집에 살면서 사이좋게 사는 것이다. 간디도 서른일곱에 '해혼식'을 올리고 수행 길을 나섰다고 한다. 졸혼이라는 단어는 2004년 일본에서 출간된 스기야마 유미코의 《졸혼을 권함》이란 책에서 유래했다. '졸혼'이란 부부가 서로의 삶에 간섭하지 않고 독립적으로 살아가는 개념이다. '졸혼'

은 법적인 관계 속에서 자식들에게 죄책감을 지우고, 가문의 눈치를 피하고, 친구들에게는 세련된 결혼문화 선두주자로 보이는 것이다. 동양은 이혼을 하면 완전한 단절이라는 의미가 너무 크다. 서양 문화는 이혼을 하더라도 동양의 졸혼 한 부부처럼 각자의 생활을 하며, 각자의 이성친구도 인정을 하며, 친구처럼 지낸다. 그러나 동양은 이혼이라는 것이 타인들에게 들켜지는 순간 수치심을 느낀다. 그래서 졸혼이라는 꼼수가 나온 것이다. 졸혼을 들여다보면 경제적, 심리적 부담으로 황혼이혼을 할 수 없는 형편으로 선택되는 경우가 다반사다. 부부 간에 별다른 문제없이 다만 행복하기 위해서 '졸혼'이나 '해온'을 선택하는 경우는 없다고 생각한다. 부부는 노년에 서로 보살펴 주어야 할 대상이다. 서로 불편을 주지 않고 함께 사는 것이 가장 이상적인 노부부의 모습이기 때문이다. 우리나라의 졸혼은 애정이 없는 사이를 비난받지 않고 지속시키기 위한 꼼수일 뿐임을 정직하게 말해야 한다.

졸혼이 가진 문제점은 너무나 많다. 그 중 외도문제가 빈번하다고 한다. 2018년 판결 난 사건이다. 남편이 직장동료와 불륜의 관계임을 알고 이혼을 하려고 했다. 그러나 자녀들 때문에 위자료 2천만 원을 받고, 개인의 사생활은 개입하지 않겠다는 계약서를 작성 후 졸혼을 했다고 한다. 이후 부인은 남편의 불륜의 상대자에게 소송을 했다. 남편의 사생활을 개입하지 않겠다는 것은 당사자 간에만 효력이 있기 때문에 외도여성에게는 계약서가 효력이 없었다. 그리고 외도녀는 부인에게 1천만 원의 위자료를 주어야한다는 판결을 내렸다고 한다. 졸혼 전 계약 체결을 하면서 서류로 만들기도 하고, 녹음, 녹취로 증빙자료를 남기기 때문에 후일이혼을 원할 경우 배우자의 외도가 이혼의 사유는 되지 않는다. 서로 양해된 사유이기 때문이다. 다만 외도 상대는 손해배상 청구의 대상이 된다고 한다. 너무 치졸한 관계가 졸혼 관계가 아닌가? 결코 좋은 감정에서 졸혼한 것이 아니기 때문에 외도는 절대적으로 일어나는 사건일 수밖에 없다. 상대의 이성친구가 생기면 서로에게 알려 줄 것을 전제로 한다고도 한다. 과연 이혼하지 않은 배우자의 이성 친구를 받아들일 만큼 우리나라 사람들의 의식이 세련되었을까? 그렇다면 깨끗이 이혼을 하고 서양처럼 친구로 지내시라고 하고 싶다.

졸혼 후 남편의 사업이 대박이 난 경우도 뉴스에서 본 적이 있다. '10억 정도의 재산을 반반 나누고, 추가 재산분할을 없다'는 내용으로 계약하고 졸혼을 했다고 한다. 이후 남편의 사업이 대박나면서 100억 정도의 재산이 늘었다고 했다. 졸혼 후이기 때문에 기여도는 낮지만 사업의 종잣돈을 일궈놓은 점은 인정이 되기에 어느 정도는 요구가 가능할 수 있다는 것이다. 판결은 아니지만 법원의 조정은 될 것이라며 소송을 권유했다. 얼마의 재산을 찾을 수 있겠지만 변호사들에게 큰 기쁨을 줄 수 있을 사건이라는 생각이 들어 씁쓸했다.

여기서 소개한 졸혼의 경우만 보아도 돈 많고 배부른 사람들이나, 연예인들의 결혼 형태이다. 졸혼하면 각자 거주해야 할 집이 있어야 한다. 각자의 생활비가 있어야 한다. 그런데 현재 졸혼을 하는 세대의 부인들은 대부분 전업주부가 많다. 졸혼 후 생활비를 받지 못하는 경우 살 수 없는 것이다. 졸혼이라는 배부른 일부의 문화를 대중적 문화인 듯 전파하는 매스컴의 문제가 심각하다고 생각한다.

조관일 박사는 서혼(恕婚)이라는 새로운 용어를 만들어냈다. '서혼'이란 상대방의 입장을 헤아려 전폭적으로 이해하고 용서하며 받아들이는 것이라고 한다. 노후 이혼과 졸혼이 어려운 부부가 서로 속박하지 않고 한 집에 함께 사는 것이라 한다. 나이가 들면서 남편은 부인에게 심한 간섭을 하게 되기 때문에 부인의 자유를 허용하고 서로를 넉넉하게 받아들이고 살라는 것이다. 과연 이런 관계가 실천이 될 수 있다고 생각하는가? 졸혼, 이혼을 생각하는 부부는 분리된 공간에서 살고자 하는 것이다. 눈에 보이면 신경 쓰인다. 간섭을 안 한다는 것은 절대 있을 수 없는 것이다.

난 남편의 일방적인 별거 후 돌아온 남편에게 일절 간섭하지 않겠다고 했다. 넉넉하게 모든 것을 받아들이기로 한 것이다. 이것이 서혼이라고 생각한다. 남편의 식사 준비를 할 필요가 없었다. 식사도 함께 하지 않았다. 한 공간에서 각자의 삶을 살았다. 어쩌다 남편의 귀가가 늦어지면 새벽까지 기다렸다. 무슨 일 있어 걱정이라도 하면 간섭이라고 했다. 기다리는 것조차 불편하다고 했다. 남편은 여자가 있었기 때문에 더 불편했을 것이다. 그것까지 나는 이해를 했지만 불편하고 속상한 것은 어쩔 수 없다. 배우자에게 자유를 준다는 것의 범위는 어디까지라고 정할 수 없는 것이다. 한 집에 살 수 있을 정도의 정이 남았다면 더더욱 힘들다. 아무것도 함께할 수 없는 사람이 한 공간에 있다는 것은 서로에게 엄청난 스트레스를 준다. 눈에 보이지 않으면 더 빨리 치유될 앙금이 함께함으로써 더 깊어지게 되는 것이다. 차라리 일정기간 별거를 하면서 결혼생활을 점검해보고 돌이킬 수 없는 관계라고 생각 한다면 조금이라도 빠른 결정이 옳다고 생각한다.

'별거'와 '졸혼'의 차이는 무엇일까? '별거'는 최소한 한 번쯤 결혼생활 유지 여부를 생각 해보기 위한 점검의 상태이다. '졸혼'은 결혼에서 졸업을 하는 것이다. 결혼이 끝난 상태의 새로운 시작이다. 공식적 이혼은 아닌 공식적 분리다. 졸혼을 하는 사람들의 심리는 무엇일까? 남편, 아내의 위치를 버리는 것이다. 그리고 졸혼한 남자는 인생이 즐겁고 재미있는 것에 중독이 되는 것이다. 여자는 편한 생활에 중독이 되는 것이다. 이쯤 되면 두 사람은 결혼생활이 될 수 없는 사이다. 이들은 행복하다고 한다. 진심일까? 돌아갈 곳이 있다고 생각하기 때문에 진정한 홀로서기는 아닌 것이다. 이혼을 했다면 건강하고 진정한 사랑도 가질 수 있다. 결혼관계가 유지되는 관계이기 때문에 그들은 새로운 사랑을 할 수 없다. 모두 불륜일 수밖에 없다. 불륜은 자극적이고 새로움을 준다.

그러나 불륜의 관계는 한계가 있다. 또다시 새로운 자극을 원하게 된다. 결국 도파민에 중독이 되는 것이다. 더 외로워질 수밖에 없는 것이다. 무조건 즐겁고 재미있다는 것이 오랫동안 유지될 수 없다. 편안함도 잠시의 행복이다. 누군가로 인해 존재적 가치가 있을 때 비로소 사람은 가치 있는 삶을 산다고 느낀다. 이제는 너무 늙고 지쳐버렸다. 늦은 이혼 후 새로운 안식처는 찾을 수 없다. 그렇게 고독하게 살 수밖에 없는 것이다.

이혼 후 진짜 사랑을 마주하다

　　나이 마흔여덟에 다시 모든 것을 정리했다. 직장도 정리하고 살던 집과 주변을 모두 정리하고 제주도로 향했다. 나는 누군가를 위한 삶을 살았다. 나의 행복을 찾겠다고 이혼을 했지만 이후에도 누군가를 위하는 마음을 놓지 못하고 살았다. 지금 책을 쓰는 동안 나는 오직 나만을 생각한다. 나를 걱정할 사람들도 잊었다. 나를 보고 싶어 하는 친구의 마음도 신경을 쓰지 않았다. 매일 걱정하는 부모님의 전화도 못하게 막았다. 오로지 세상에 나 혼자인 듯 살고 있다. 이곳에 아는 사람 하나 없다. 길을 가다 인사 나눌 사람도 없다. 인사를 나누지 않아도 된다. 모든 신경이 나의 마음과 나의 머릿속을 헤집고 다닌다. 어디서부터 나는 꼬여 있었는지, 나의 머릿속에 저장된 기억들이 어떤 것들이 있는지 하나하나 조사 중이다. 나는 나에게 최면을 걸어 두었던 것 같다. 가짜의

'나'가 본래의 '나'를 자꾸 이기려고 한다는 생각을 많이 하게 되었다. 슬퍼도 솔직하게 말하지 못하게 했다. 힘든데 힘들다고 말할 수 없었다. 두려운데 두렵다는 말을 할 수 없었다. 우울한데 우울함을 인정할 수 없었다. 화를 내고 싶지 않은데 화를 부추겼다. 다정하고 싶은데 발악질을 하게 했다. 좁은 지하철에서 부딪치면 소름이 돋았다. 호감을 보이는 어떤 사람도 나를 곧 싫증낼 것이라 생각했다. 상처받기 전에 내가 상처를 주고 끝내 버렸다. 내가 옳다고 정의를 내린 것이면 우국열사처럼 목에 핏대를 세웠다. 아버지의 큰 소리에 나는 세상 서러운 사람이 됐다. 엄마에게 짜증을 냈다. 과거의 사건들을 회상하면 그때 없던 억울함이 심장을 조여왔다. 사람들이 유치하게 느껴졌다. 처음 본 사람들에게 쉽게 마음 열기를 싫어했다. 술을 마시지 않으면 밤을 새웠다. 혼자 욕을 중얼거렸다. 돈에 환장해 있었다. 마음속 깊이 나는 재수 없는 사람이라 확신하고 있었다. 나는 너무 이상하게 생겼다고 생각했다. 세련되지도 우아하지도 못한 사람이라고 생각했다. 시간이 지나면 지날수록 지쳐갔다. 머릿속은 멋지고 근사한 일을 하고 싶다는 욕심이 커졌다. 정말 내가 원하는 것이 무엇인지 모른 채 감당하기 힘든 목적을 가지고 허덕거렸다. 결혼도 사랑도 뭐든 도대체 마음처럼 되는 것이 없다고 신경질이 나기 시작했다. 인생이 주변에서 안심할 만하다 싶을 때 급추락을 해 버렸다. 나도 너무 불안정한 나의 생활이 버거워지기 시작했다. 다가오는 내일 내일이 겁이 났다. 곧 파산할 것 같았다. 은행에서 채무독촉이 올 것 같았다. 이

정도면 심리장애임을 알아차렸어야 했다.

　삶이 나아지고 운이 깃들고 모든 면에서 부유함을 느끼려던 때 나는 다시 오만함에 빠지고 말았다. 어떤 마음의 수행도 하지 않았다. 새로운 사랑을 만났다. 20대 이후 느끼는 사랑이라는 감정에 깊이 몰입했다. 두 번의 결혼에는 사랑이 존재하지 않았기에 지나치게 흥분됐다. 여전히 나는 마음속 쓰레기를 잘 치운 상태가 아니었다. 일에 빠져 정신없이 살았다.

　불행에서 벗어났을 뿐이었다. 나는 변한 것이 없었다. 연애 3개월 만에 엄청난 실연을 겪어야 했다. 1년을 마음 아파하며 슬픔에 젖어 보냈다. 나는 정말 남자 복이 없구나. 점집을 돌아다니기 시작했다. 어딜 가나 "남편 없어요. 자식 없어요. 남자 복 없어요. 외로운 팔자입니다." 이런 말만 듣고 다녔다. 포기가 되지 않았다. 600만 원을 주고 그 남자 붙잡으려고 부적 액자도 샀다. 첫 남편에게 했던 짓을 똑같이 하고 있었던 것이다. 두 번의 이혼을 하고 잘 이겨냈다 싶었지만 달라진 것 하난 없었다. 외로움은 없었지만 사랑이 너무 하고 싶었다. 아니 사랑을 받고 싶었다. 나는 왜 이렇게 복이 없는 사람인가 하면서 겨우 체념을 할 수 있게 됐다. 다시 책에서 답을 찾으려 애썼다. 운에 관련된 책들, 성공에 관한 책들, 돈에 관한 책들 닥치는 대로 읽었지만 나아지는 것 없었다. 나는 더 지쳐갔다. 그러면서 마음은 끝없이 부정적으로 바뀌기 시작했다. 입으로는 '나는 운이 좋아. 그래서 다 잘 될 거야' 노트에 매일 긍정확언 문을 적었다. 별 주문을 다 적었다. 서서히 나의 재정은 기울기 시작했다. 사기 분양도 받았다. 하늘에 복 받을 목표를 세우자. 동물 복지. 보호 센터를 하게 해달라고 소원을 빌었다. 나의 머리로 계획을 세우니 다시 돈에 집착을 하게 됐다. 반대로 내 마음에는 온갖 부정적인 불신으로 가득하기 시작했다.

발을 동동거리며 더 이상 사는 게 지겹다는 생각에 빠지게 됐다. 너무 지쳐 있었던 것이었다. 6년을 너무 쉬지 않고 완급조절 없이 뛰다가 잠시 쉬어야 할 시간을 받았음에도 난 경주마처럼 달리지 못하는 나를 원망하고 미워하기 시작했다. 웃음도 사라졌다. 평소보다 더 우울함을 느끼게 됐다. 감사하는 김태광 작가의 책을 읽으며 나는 재수 없는 것도 아니었음을 알았다. 아니 김 도사님 삶에 비하면 나는 너무 배불러 투정부리는 버릇없고 철 안든 삶인 듯 했다. 그분의 삶은 바닥 정도가 아니었다. 결코 희망이라고는 가져서는 안될 만큼 깊은 지하에 있어야 할 분이었다. 어떻게 그런 삶에서 벗어났을까? 어떻게 자신 있게 큰 소리치며 살 수 있는 것일까? 싶었다. 그렇다고 성인군자도 아니다. 욕도 잘하는 참 인간적인 사람이다. 그런데 어떻게 원하는 것을 얻어내는 선택받은 삶을 살 수 있는 것인지 궁금했다. 사람은 어쩔 수 없이 상대적일 수밖에 없다. 세상 슬픔 많았고, 아픔이 많았지만 씩씩하게 이겨낸 사람이라며 혼자 우쭐하는 마음으로 살고 있었다. 너무 부끄러웠다. 이후 진짜 나를 돌아보기 시작했다. 그러면서 귀가 열리기 시작했다. 듣고 싶은 것만 들었고 보고 싶은 것만 보았고 알고 싶은 것만 알았던 내가 알을 깨고 나오는 기분이 들었다.

나 자신에 대한 믿음이 생기기 시작했다. 나는 못한다고 규정 지어 놓았던 족쇄에서 풀리는 해방감이 들었다. 내가 정말 하고 싶었던 것이 무엇인지 나 자신에게 솔직해지는 시간을 마주했다. 중학교 시절 자작시를 제출했다가 아무런 반응을 받지 못했다. 일기장에 내 마음 적는 것도 힘들어했다. 버킷리스트를 적어 보라고 하면 인터넷으로 누군가의 버킷리스트를 보고 적어야 했다. 그랬던 내가 하고 싶었던 것이 작가일 줄은 생각도 못했다. 혼자 작가 되겠다고 글 쓰겠다고 시작했다면 이틀 만에 포기했을 것이다. 그러나 '한책협' 책쓰기 코치 김도사 덕분에 나는 이렇게 책을 쓰고 있다. '작가 조현서'라는 말이 나에게 더욱더 힘이 되어준다. 김도사는 당신이 했기에 모두 할 수 있다고 힘을 주었다. 무스펙, 신용불량자였던 김도사가 스스로 성공을 이루었고 성공에 대한 희망이 헛된 꿈이 아님을 알려 주었기 때문에 의심을 가질 필요가 없었다.

내가 만약 이만저만하게 잘살고 있었다면 나에게 이런 꿈같은 기회가 올 수 없음을 안다. 나는 어떤 누구의 가르침도 달갑게 수용하는 성품이 아니다. 애타는 마음을 가졌고 심한 갈증을 느꼈고 내 삶에 대한 원망도 가져 보았기에 지금의 깨달음과 숨겨져 있던 나를 발견함은 참 기쁘고 행복하다. 누군가에게 지극한 사랑을 받는 여인의 마음보다 더 기쁘다. 나를 사랑한다는 것은 내가 잘남을 아는 것이 아니었다. 나를 믿어주는 것. 누가 나에게 할 수 없다고 하더라도 기죽지 않고 외면할 수 있는 용기를 가지는 것. 무일푼인 지금 나는 더 크게 성공할 수 있다는 꿈을 응원해주는 것. 이것이 진정한 사랑인 것이었다. 남편의 사랑, 연인의 사랑에 참 많이도 방황을 하고 실망하고 나의 수준을 깎아내리던 짓을 멈출 수 있게 됐다. 나의 수준에서 이해하려고 했던 세상 이치는 너무나 어렵고 답답하기만 했다. 스승님을 만나 그 틀을 벗어버리니 나의 인생이 한 편의 드라마처럼 객관적으로 바라볼 수 있게 됐다. 마음의 쓰레기들을 더 빨리 치워버릴 수 있게 되어 기쁘다.

이혼을 말하는 많은 전문가들은 입을 모아 강조한다. 이혼은 인생의 실패가 아니다. 이럴 수도 있고 저럴 수도 있는 하나의 과정이다. 언제든 일어날 수 있는 하나의 이벤트이다. 다만 그 과정에서 나 자신을 돌아보고 나를 변화 시켜 더 멋진 삶을 창조하면 된다. 나는 과연 벤츠를 탈 수준의 사람인가를 돌아보고 깨우치고 변해야 한다. 누군가를 원망하는 마음이 아닌 나 자신을 사랑하는 마음으로 더 당당해진다면 그 멋진 모습에 반하지 않을 사람은 없다. 이혼을 겪어낸 사람들은 모두 마음의 병을 가지고 있을 수밖에 없다. 우리는 아픈 과거를 기억하고 있기 때문이다. 기억이란 것이 사라지지 않는 이상 우린 모두 아픈 사람들이다. 그러나 나를 치료해줄 처방전은 있다. 그 처방전은 나만이 나에게 줄 수 있는 가장 귀한 것이다.

당신의 사용설명서를 찾기를 바란다. '나의 사용설명서'를 가지게 된다면 더 빨리 내가 완성이 된다. 더 견고하게 만들어진 것이다. 더 멋지게 만들어질 것이다. 더 가치가 올라가게 될 것이다. 사용설명서를 찾는 데는 큰돈이 드는 것도 아니며, 많은 시간이 필요한 것도 아니다. 팔자 좋은 부잣집 여자가 떠드는 소리도 아니다. 누구든 가질 수 있는 값진 보물이다. 두 번의 이혼이 아니었다면 나는 진정한 사랑을 배우지 못할 뻔 했다. 당신도 진정한 사랑을 찾기를 진심으로 바란다.

3장

이혼할 때 고민되는
7가지

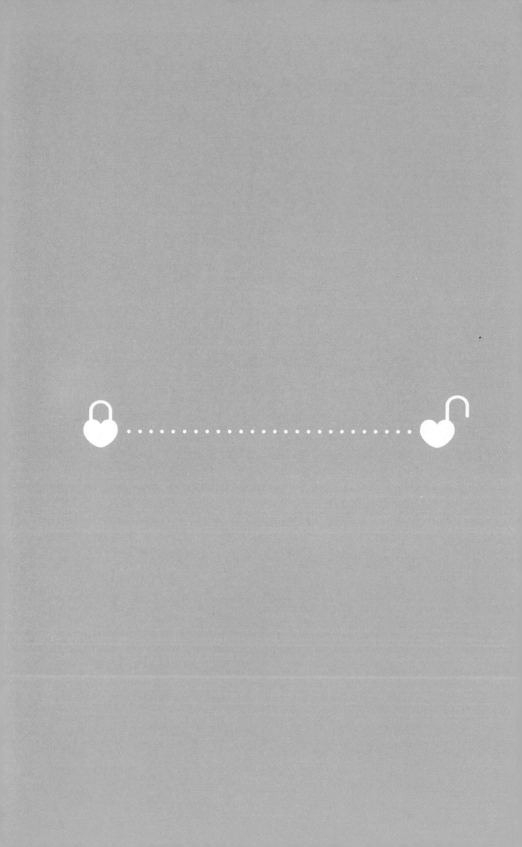

이혼 후 정말 잘살 수 있을까?

65세 이상 독거노인 급격하게 증가하고 있다. 10가구 중 2가구는 혼자 사는 독거노인이라고 한다. 이유는 배우자의 사망도 있지만 가장 큰 원인은 '황혼이혼'이다. 혼자 사는 노인들의 가장 큰 문제는 경제적 문제와 외로움이다. 65세 자살률이 OECD 국가 중 1위이다. 우리나라는 국제적으로 비교해 볼 때 빈곤율이 굉장히 높다. 자살을 생각하는 가장 큰 이유는 경제적 어려움이라고 한다. 이혼 시 재산을 둘이 나누다 보니 빈곤해지는 것이다.

유튜브 '단희TV'에서 64세 여성이 이혼하고 위자료 2억을 받아서 어떤 경제적 안전장치를 했는지 안내해주는 영상을 보았다. 일반서민들이 이혼을 하면서 2억 원의 위자료를 받는다는 것은 꿈같은 이야기일 것이다. 아무튼 그 여성은 5천만 원으로 살 집을 마련했다고 한다. 집값이 워낙 비싸다 보니 대구 외곽지역 빌라를 구입했다.

앞으로 30~40년을 더 살 노후준비를 위해 남은 1억 5천만 원으로 수익형 부동산에 투자를 했다. 월 60만 원의 임대 소득을 예상한다고 한다. 자녀의 성장 후 직장을 다녔기 때문에 연금이 가입되어 있어 월 50만 원 정도의 수입이 생긴다. 노인 요양병원에서 요양사로 근무하시면서 월 120만 원의 급여를 받는다. 종가집 며느리 경력으로 요리를 아주 잘하고, 프랑스 자수까지 수준급이다. 요리와 자수 콘텐츠로 유튜브 채널을 시작했다고 한다. 미래의 수입을 위해 준비하신다는 것이다. 이분에게는 고독한 독거노인의 모습을 찾을 수 없다. '노인요양병원 요양사'를 할 만큼 건강하시다. 살 곳도 있고, 돈도 번다. 일자리가 있으니 하루하루가 외로울 틈이 없다. 유튜브라는 새로움에 도전할 만큼 젊은 감각을 지니셨다. 진짜 '나' 답게 살 준비가 되셨다. 황혼이혼을 했다면 이러한 안전장치가 있어야 한다. 이정도 되면 자식들도 부모의 황혼이혼을 응원한다.

이혼을 고민하는 많은 60대 이상의 여성들이 얼만큼 준비가 되어 있을까? 크게 가진 것이 없다면 반반 나누어도 홀로서기에 너무 부족한 금액이다. 전업주부였다면 경력 단절로 일거리 찾기는 하늘에 있는 별 따기보다 힘들다. 생각만 해도 끔찍한 현실이다. 60대가 일 할 곳도 변변치 않다. 노인요양병원 요양사도 꾸준히 일해온 경력이 있는 분들은 60대가 되어도 취업이 되지만 초보인 경우 취업은 불가능에 가깝다. 취업을 하더라도 너무나 힘겹다. 식당에서도 받아주지 않는다. 나라에서 노인 일자리 제공은 해주고 있지만 생활하기 참으로 벅찬 금액이다. 당장 어디서 살 것인가? 최소 30~40만 원 이상의 월세를 내야 한다. 자녀들의 살림살이도 넉넉하지 못해 경제적 도움을 받을 수 없다. 어느 어머님이 나에게 "가진 것도 없고 이혼 후 혼자 살 능력이 0.0001%도 없는 사람이라 남편과 시댁의 횡포에도 죽지 못해 삽니다"라고 하소연하시며 눈물짓던 모습이 생각난다. 이렇게 눈물로 남은 30년 이상을 살아야 하는가? '자신의 행복을 찾으세요'라는 말은 이분에게는 너무나 비현실적인 이야기다. 이혼 후 외롭고 경제적 어려움 때문에 더 불행할 수밖에 없는 사람들은 어떻게 행복을 찾아야 하는가.

이런 경제적 이유때문에 황혼이혼이든, 졸혼이든 포기하고 결혼생활을 유지해야 한다. 언제나처럼 폭언을 견디며 살아내야 한다. 온갖 멸시, 모멸감을 온몸으로 받아내야 한다. 버티고 버티다 보니 70세가 넘었다. 그러나 여전히 결혼생활을 한다는 것이 너무나 힘들다 치욕스럽다. 남편은 변한 것이 하나 없다. 이제는 도저히 살 수 없겠다 싶다. 어떻게 해야 하나? 60세에 힘들었던 이혼이 70세가 되면 더욱 힘들다. 이혼, 졸혼 모든 것 다 포기해야 한다. 참고 견디어 온 만큼 부부관계가 회복이 되어 누군가의 말처럼 동반자로 살 수 있다면 너무나 감사한 일이다. 그러나 사람은 변할 수 없다. 나를 힘들게 한 그 무엇인가는 끊임없이 나를 힘들게 한다. 힘들게 하는 사람을 보는 것만으로도 삶 자체가 힘들어지는 것이다.

　누구도 가진 것 없이 이혼을 생각하는 당신에게 위안도 대안도 주지 않는다. 희망도 줄 수 없다. 당신을 온전히 이해할 수 없는 사람들과 이혼을 막고자 장치해 둔 사회에서는 칠십이 넘은 당신을 보는 시선은 매우 차갑다. 경제적으로 넉넉지 않은 당신은 불편한 존재가 된다. '혹시 나에게 피해를 주는 것은 아닐까?' '혹시 나에게 금전적 도움을 청하는 것은 아닐까?' 이렇게 주변 반응도 냉랭하다. 10년을 참았지만 나아지는 것이 없다. 이제는 졸혼 이든 이혼이든 해야만 할 것 같다. 현실은 당신의 독립을 또 막아 버린다. 또 주저앉아 죽는 날까지 불행을 팔자로 끌어안고 살면 된다. 그 대가로 두려운 홀로서기는 하지 않을 수 있었기에 오히려 감사해야 할지도 모른다. 불행 덕분에 건강이 나빠져 오래 살 수 없어졌을 수도 있다.

　법원도 황혼이혼을 반기지 않는다. 서로를 부양해야 하는 나이라고 생각을 하기 때문이다. 어떤 변호사를 찾아도 황혼이혼은 부추기지 않는다. 경제적 손실도 크고 이혼 후의 삶이 더 불행해진다는 것을 알기 때문이다. 왜 황혼이혼을 하는 것일까? 아니 왜 황혼을 기다렸다가 이혼을 하는 것일까? 많은 사람들은 '애들 크면, 대학 가면, 군대 갔다오면, 결혼시키고 나면'이라고 이혼을 미룬다. 이렇게 미뤄진 이혼을 하려고 할 때 남자들은 황혼이혼을 원하지 않는다. 돈이 아깝기 때문이다. 여자들은 자신의 몫을 챙기고 싶지만 쉽지 않다. 소송을 해야 한다. 돈이 많이 든다. 특히 황혼이혼 소송은 돈이 많이 든다. 소송 기간이 꽤 길기 때문이라고 착수금을 꽤 많이 받는다고 한다.

살아오면서 이혼을 고민했던 시간이 있다. '애도 낳았는데 참고 살아야지', '부모님 보기도 미안하니 참고 살아야지', '당장 아이들과 먹고 사는 것도 힘든데 참아야지', '사람들이 이혼녀라고 손가락질할 텐데 참고 살아야지'라면서. 이혼하지 않을 여러 가지 이유를 찾아서 미련이 남아 있는 결혼생활을 유지한다. 그렇게 시간이 흐르고 이제는 나이가 들었고, 돈도 없고, 혼자 산다는 불투명한 미지의 세계에 대한 두려움으로 또 이혼을 미룬다. 결국 관계 개선도 없이 평생을 참고 미루고 핑계를 찾다 끝이 난다. 당신의 선택이며 당신이 선택한 불행을 나무랄 수 없다.

이 책을 읽는 독자라면 용기를 얻어 자신의 행복을 찾고자 하는 분들이라 생각한다. 경제적으로 힘이 들더라도 부딪쳐 본다면 위에서 말한 부정적 측면보다 더 큰 행운이 올 수도 있다. 누군가가 떠드는 소리에 자신의 생각을 덮지 않기를 바라는 것이다. '산 입에 거미줄 치겠어! 나는 나를 위해 살 수 있어!' 이 정도의 배짱을 가지고 이혼을 준비하라는 것이다. 그 이혼 준비는 본인이 생각하는 그때가 되어서 하는 것이 아니다. 그때 이혼을 할 수 있도록 10년이든 20년이든 준비를 해야 한다. 내가 경제적으로 독립이 될 수 있는 사람이 되도록 자기계발을 미루면 안 된다는 것이다. 준비된 사람만이 이혼 이후 진정한 행복을 찾을 수 있다.

결혼을 준비할 때 참 많은 시간과 노력을 기울인다. 많은 돈도 사용한다. 불확실한 미래를 핑크빛 안경을 쓰고 행복해한다. 각각의 삶이 하나로 합쳐지는 것이 어렵다고 하더라도 살면서 조율이 가능하다. 긴 시간 합치가 되고 공유된 삶을 다시 분리하기 위해서는 결혼생활만큼 긴 준비 기간이 있어야 가능하다. 어느 날 갑자기 '이제는 도저히 못살겠어. 내가 참고 살았는데 더는 못 참아. 당신 나 없이 얼마나 잘 사는지 보자. 혼 좀 나봐!'라며 폭발된 감정적 이혼은 90% 이상 후회를 한다. 이혼 후 초기에는 함께 살던 시절은 그렇게 서운하고 싫은 꼴만 보이다가 혼자가 되면 자유롭다. 누군가를 위해 자신을 움직이지 않아도 된다. 하고 싶었던 일도 한다. 시간이 지나면서 '밉든 곱든 신경 쓰이게 하며 곁에 있어준 그 남자, 그 여자는 나의 존재를 느끼게 해준 사람'이라고 생각한다. 시간이 흐르면서 재미있는 시간도 서서히 줄어들게 되고 과거 회귀본능이 꾸물거린다. 추억을 회상할 수 없을 만큼의 저질의 배우자라면 벌써 헤어졌을 테니 그리움도 없을 것이다. 그러나 이혼을 망설이며 살아내는 동안 누적된 기억 속에는 속상함, 억울함, 배신감, 분노 등 여러 감정이 있지만 그 사이사이 내가 안주하고 편하게 머물렀던 시간이 존재하고 있다. 잊고 있던 손톱만큼이라도 따뜻했던 지난 날을 회상하면 그 외로움은 말로 형용할 수 없을 것이다. '이 늦은 나이에 이제껏 참았는데 더 참을 것을 그랬나? 다 늙은 나를 누가 쳐다나 봐줄까' 불행한 결혼생활 보다 더 불행한 독거생활이 된다.

황혼이혼 관련 기사 밑에 달려있는 많은 댓글에는 '황혼이혼해봐야 외로운데 참고 살아라', '늙어서 남편 버리고 혼자 잘살겠다는 이기적인 사람이다', '서로 이해하며 살아라' 등 곱지 않은 글들로 도배되어 있다. '잘살 수 있어요! 멋집니다!' 이런 응원은 없었다. 곱지 않은 시선을 보내는 사회에서 경제적 어려움을 겪는 독거노인들은 더 외로워질 수밖에 없다. 이 사회에는 이런 노인들까지 다독여 줄 여력이 없는 것이다. 사회에 의존하거나 주변에 의존하지 않는 진정한 독립을 할 수 있다면 독거노인이 아니라 행복한 싱글이 되는 것이다. 경제적 여유만 있다면 할 수 있는 즐거운 일들은 참 많이 있다. '그들만의 리그'는 어디나 있는 것이다.

이혼을 생각한다면 조금이라도 젊은 시절 준비를 하자. 남편에게 의존하고 안일하게 살다보면 더 큰 불행을 맛봐야 할 수 있다. 이제는 고민을 해야 한다. '어떤 준비를 해야 해?' '어떻게 하지?' '어떤 공부를 해야 하지?' '어떤 일을 해서 돈을 벌지?' '혹시 자격증 준비는 어떤 것을 하지?' 당신은 충분히 경제적 자유인으로 멋진 삶을 살 수 있다. 단. 이혼 준비는 혼자 해서는 안 된다. 친구들과 준비해도 안 된다. 의식 수준이 비슷한 사람들과 의논 할 시간 차라리 잠을 자라. 주변을 둘러보면 많은 전문가들이 있다. 꼭 전문가를 찾기를 바란다. 당신의 빛나는 기회를 찾기를 진정으로 응원한다. 이 글을 쓰면서 내가 좀 더 젊어서 이혼한 것에 감사하다. 이혼을 망설이는 많은 사람들 보다 기회가 나에게는 더 많기 때문이다.

이혼을 실패라고 생각하는 당신

나는 두 번의 이혼을 했다. 그리고 7년이 지나가고 있다. 하지만 내가 이혼녀인 것을 모르는 사람들이 더 많다. 굳이 이혼을 말해줄 필요가 없으니 모르는 사람이 있다는 것은 당연하다. 그러나 옛 직장동료들은 내가 이혼녀인 것을 모른다. 능청스럽게 옛 결혼 생활을 지금의 결혼 생활로 이야기하며 유부녀 행세를 했다. 어떤 모임에서는 미혼이라고까지 했다. 이혼이 흔하다고는 하지만 내 주변에 이혼한 사람은 나뿐이다. 매스컴에서 이혼을 많이 전하다 보니 정말 흔한가 보다 생각하지만 정작 당신 주위를 둘러보라. 그러니 자연스럽게 이혼녀, 이혼남은 즐거운 가십거리가 된다. 같은 행동을 해도 이상한 눈길을 준다. 이혼녀니까, 이혼남이니까. 정작 이혼녀인 나도 이혼녀, 이혼남이 그렇게 곱게 보이지는 않는다. 왜일까? 그들의 이혼에는 문제가 있는 것이고 누군가는 유책 배우자일 것이다. 그런 이유 때문인지 내가 피해의식이 있어 그런지는 모르겠다.

이혼 후 고향인 부산으로 내려왔다. 대학교 졸업 이후 아동미술학원 강사, 입시논술학원 상담교사, 방문 미술교사가 내가 해본 일 전부였다. 37살에 내가 취업할 곳이 없었다. 모두 젊은 선생님을 선호했다. 사실 이혼 후 에너지가 바닥인 나는 강의할 열정도 없었다. 그러다 대학친구의 아버지 장례식장에서 우연히 한 친구를 알게 됐다. 처음 본 친구였지만 술잔을 나누다 여러 이야기가 자연스럽게 오갔다. 그 친구는 자기 언니의 친구가 운영하는 체형관리숍의 상담실장이 필요하다고 했다. 나는 고민 없이 면접을 보겠다고 했다. 급여가 얼마인지 몇 시간 일하는지 물어보지도 않았다. 그냥 새로운 일에 매달리고 싶었다.

며칠 후 면접을 봤고, 3개월 수습과정 동안 일을 배워보라고 했다. 80만 원. 첫 월급이었다. 10시간을 일에 매진했다. 정신없이 바빴다. 편히 앉아 밥 먹는 시간이 눈치 보일 만큼 바빴다. 하루하루 어떤 생각도 할 수 없이 바쁘게 보냈다. 마음이 괴롭거나 사는 게 힘들다면 노동을 해야 한다. 어떤 잡념도 가질 시간이 없다. 먹고 자고 일하고 아주 단순하게 살 수 있다. 수습기간이 지나고 실장이 됐다. 고객들에게 평판도 좋았다. 한 고객이 "실장님 결혼했어요?" 순간 뜨끔했다. 입사 당시 결혼 여부에 미혼이라고 했기 때문에 어쩔 수 없이 "아니요, 아직 못 갔네요"라고 얼버무리고 말았다. "실장님 나이가 얼마예요?", "나이 많아요, 여기서는 나이 말씀드리는 것 금지예요. 보이는 대로 생각해주세요" 몇 마디 나누는 그 자리가 나에게는 너무 가시방석이었다. 이후 그 고객님은 몇 번이나 나에게 나이를 물었다. 주선을 해주기 위해서라고 했다. "저 사귀는 사람 있어요"라고 말했고 더는 불편한 질문은 오가지 않았다. 나는 이혼녀인 것을 아주 철저하게 숨겼다. 친구 몇 명, 가족들 외 만나는 모든 사람들에게는 거짓말을 했다. 10년 결혼생활동안 나는 경산에서 살았기 때문에 가능한 거짓말이었다.

나는 정말 이혼을 하고 싶지 않았다. 보통의 여자들과 수다 떨며 누구 집 이혼 이야기 뒤에서 나도 색안경 끼고 뒷담화에 열심히 참여했다. 누구 집 아낙네 바람나서 나간 이야기, 남편 바람나서 이혼한 이야기 등 그런 뒷담화 주인공이 되는 것이 좋을 수는 없다. 난 30대 후반이고 나쁘지 않은 외모에 능력도 있어 보이는 여자였다. 그런데 이혼녀라고 하면 신뢰도가 바로 떨어질 수밖에 없다고 생각했다. 10년 전에는 분위기가 그랬다. 이혼 후 모든 인간관계 끊었다. 결혼생활을 아는 사람 누구도 만나지 않았다. 경산에서 부산으로 이사를 했다. 이름을 바꿨다. 전화번호도 바꾸었다. SNS도 모두 차단했다. 길을 가다가 누구를 마주쳐도 나를 아는 사람은 동창 외에는 알 수 없는 것이다. 나를 이혼녀로 만든 전 남편에 대한 원망을 가슴 가득 담고 살았다. 이때 두 번째 배우자를 만났다. 그 사람은 내가 이혼녀인 것을 알고 있었다. 연애하는 동안 성격이 서로 맞지 않아 잦은 다툼이 있었고 나는 착신을 거부했다. 그럴 때마다 내가 이혼녀인 것을 사장에게 알리겠다고 협박 아닌 협박도 했다. 지금 생각하면 참 소꿉장난 같은 협박이지만, 그때 당시 나는 이혼녀라고 알려지는 것에 대한 두려움이 컸다. 누군가에게는 참 별일 아니지만 나에게는 숨통을 죄어 오는 두려움이었다. 약점 아닌 약점이 잡힌 것이다.

멋진 전문직 여성들은 이혼녀라도 격이 달라 보였다. 그들은 결혼이라는 이벤트를 끝낸 듯 보였다. 딱히 내가 할 수 있는 일이란 것이 없다고 생각하다 보니 처량해보였다. 그 처량함에 이혼녀라는 수식어가 달리는 것이 너무 창피스러웠다. 이혼녀라서 인식이 좋지 않았던 것도 한몫했다. 이혼한 사람들의 모임이 많다. '돌싱들의 모임', '이혼한 사람들의 모임' 등. 난 그런 모임조차 관심 없었다. 그런 곳에서 나와 같은 처지의 사람들을 만나고 싶은 마음도 없었다. 이런 나의 내면에는 무엇이 들어차 있는 것인지 정면으로 바라볼 용기도 없었다. 그저 가식적인 당당함, 자신감만 보이고 살았기 때문에 처량한 내 신세를 함께하고 싶지 않았다.

우여곡절 끝에 난 재혼을 했다. 두 번째 배우자 지인들은 내가 재혼인 것을 알지 못했다. 결혼식 날 나의 가족들은 굉장히 조심스러웠다. 혹시라도 누군가로 인해 내가 재혼인 것을 발설이라도 할까 싶어 노심초사 하고 있었다. 직장 사장님은 "한번은 가서 살아보고 아니면 와도 흉 안 된다"라며 농담을 하셨다. 마음이 무거웠다. 즐거워야 할 결혼식이 나와 나의 가족들에겐 너무나 견디기 힘든 시간이었다. 어찌됐든 나는 이혼녀가 아닌 유부녀가 됐기 때문에 그 순간 모든 것이 그 이유만으로 만족이 됐다. 하지만 그 결혼도 얼마가지 못하고 나는 다시 이혼녀가 됐다.

이 글을 쓰면서 다시 생각해본다. 옛 직장 동료들이 이 책을 보면 어떻게 생각할지, 미혼이라고 속였던 지인들은 또 어떤 생각을 할지 걱정이 앞섰다. 왜 아직도 이혼녀라고 밝혀지는 것이 두려운 것일까? 나는 이혼을 실패라고 생각했다는 것을 이제야 인정하게 된 것 같다. 이혼을 알고 있는 친구나 가족에게는 약한 모습 보이기 싫었기 때문에 당당한 척 했다. 그러나 나의 내면에는 실패한 사람이라는 자괴감이 가득 차 있었다. 이혼이 인생의 실패라고 생각했기 때문에 당당하게 알리는 것을 두려웠던 것 같다. 첫 이혼을 온전히 실패로 받아들이고 그 실패에 대한 성찰의 시간이 있었다면 나의 재혼은 그렇게 빠르지 않았을 것이다. 이혼의 책임이 나에게 있었다는 것을 진심으로 깨닫게 됐다면 조금 더 성장할 수 있었을 것이다. 나는 피해자며 실패자라는 그 마음 때문에 나는 매일 술을 마셨고, 분명 판단력마저 상실된 상태였다. 그날그날 살아가는 착실한 직장인 이외 아무런 목표가 없었기 때문에 나는 불행을 직감하면서도 재혼을 선택했다. 상대방이 집착이 너무 심해서? 나의 생활을 너무 힘들게 해서? 예전의 나는 그렇게 이야기하고 다녔다. 그러나 이혼녀라는 타이틀이 너무 싫었고, 재혼을 통해 이혼녀의 딱지를 떼고 싶었다. 이혼녀인데 초혼의 공무원이면 다시 오지 않을 기회라고 생각했다. 솔직히 이런 맘 없었다면 그 결혼은 불가능한 것이었다. 실패에 대한 자격지심과 이혼녀에 대한 나의 선입견이 나를 벼랑으로 몰아버린 것이다.

지금 이혼을 생각하고 있거나 이혼을 한 사람들 중에 나처럼 바보스런 생각을 하는 사람이 있을까? 자기의 직업이 뚜렷하고 삶의 목표가 정확한 사람은 나를 보며 혀를 찰 수 있다. 이제야 내가 얼마나 나라는 사람에 대한 책임감이 없었나 하는 반성을 한다. 나는 두 번의 이혼을 경험하면서도 인생의 뚜렷한 목표가 없었다. 주어진 상황에 따라 잘 적응하며 살아온 아주 사회적인 사람이었다. 잘 만들어진 울타리 안에서 이제는 여기서 쉬면 되겠구나 하는 안주 하는 마음에 어떤 계획이 없었던 것이다. 자존감이 낮으니 나의 일을 쉽게 포기 할 수도 있었다. 그 덕분에 난 전문가가 될 기회조차 버린 것이다. 나는 나를 잃어버리고 외부에 의해 그렇게 갈대처럼 이리저리 흔들리며 살았던 것이다. 이제껏 아무런 결실 없는 이유가 나의 인생에는 뚜렷한 목표가 없기 때문이다. 이런 사람이었기에 이혼이라는 실패에 대한 회복은 제법 오랜 시간이 걸렸다.

이혼은 실패다. 인정해야 한다. 결혼생활을 유지하지 못했으니 결혼생활 실패인 것이다. 살다 보면 우린 많은 실패를 한다. 그 많은 실패 중 하나일 뿐이다. 도미노를 쌓다가 완성하지 못하고 무너뜨려도 실패다. 메모지에 글씨를 쓰다가 틀려도 실패다. 그렇게 가벼운 실패가 있는 반면 이혼이던, 사업 실패던 감당하기 무거운 실패도 있다. 그러나 실패를 실패로 받아들여야 한다. 목숨을 걸필요도 없다. 인생을 나락으로 떨어뜨릴 필요도 없다. '실패는 기회의 또 다른 이름'이라는 멋진 명언을 새겨야 한다. 첫 이혼 후 지혜로움 없었고, 자존감이 낮았기에 하나님은 다시 한 번 더 나를 불행으로 이끌어 주신 것 같다. 다행히 아직 두 번의 연애가 삼혼이 되지 않았다. 홀로서기 7년이 지나가는 이 시점에서 인생의 목적지가 생겼다. 진짜 꿈을 가졌다. 마음을 완전히 내려놓고 빈털터리 그릇이 되니 인생이 다시 보이기 시작한다.

이혼, 가장 큰 문제는 결국 돈 문제

　대학교 3학년 때 엄마의 화장품 가게 앞에 신협이 새로 생겼다. 엄마는 그 신협의 우수 조합원이 됐다. 어느 정도 신협이 안정이 되었을 때 조합장이 엄마에게 신협직원을 구한다고 나를 취업시키라고 했다. 나는 꼴에 대학생이라는 이유로 신협에 취업하고 싶은 마음은 없었다. 지금 생각해보면 정말 복을 발로 찬 것이다. 엄마는 화장품 가게를 하면서 화장품 회사에서 주최하는 정기적인 워크숍을 다니셨다. '메이크업 및 마케팅 교육'을 받으러 다니시면서 '메이크업아티스트'라는 직업이 있다는 것을 일러주시면서 공부를 권유했다. 언급했듯이 나는 대학진학 이후 어떤 꿈도 없었기 때문에 뭐든 노력할 마음이 없었다. 그 또한 거절했다. 졸업 후 그냥저냥 미대 졸업생인 이유만으로 미술학원을 쉽게 취업이 됐다. 박봉이었다. 흥미는 없었지만 재주가 그것뿐이었다. 결혼 후 경산에서도 미술학원에 취업을 했다. 엄마는 내가 하는 일이 워낙 박봉이었기 때문에 다른 직업을 해보길 권유했다. 나는 새로운 일에 도전할 마음도 없었고 자신도 없었다. 미술학원 선생이 무슨 대단한 일이라고 버티는지 모르겠다고 했지만 그때는 나에게 흥미로운 것들이 없었다.

나는 돈 관리 하는 재주가 없었기 때문에 모든 돈 관리는 남편이 했었다. 생활비가 얼마가 들어가는지 모르고 살았다. 남편은 돈에 대한 이야기는 한 번도 내게 해주지 않았다. 그렇게 살다가 남편과 별거를 하면서 나의 경제적 상황이 좋지 않게 됐다. 별거를 하고 온 정신이 남편이 돌아오는 것에 팔려있었다. 너무나 힘이 빠져버린 상태였기에 직장을 다니는 것도 힘에 겨웠다. 어쩔 수 없이 두어 달을 친정집에 머물기로 했다.

대학 다니던 시절 운전면허 취득은 관심이 없었다. 차가 필요하지도 않았다. 결혼생활 동안 남편은 운전면허 취득을 반대했기에 나에게는 면허증이 없었다. 친정집에 있는 동안 엄마는 누워있는 나를 억지로 끌어내어서 자동차운전학원에 보냈다. 학원비가 48만 원이었다. 엄마는 학원비를 내주시면서 운전 배워서 여기저기 여행이라도 다니라고 했다. 그리고 100만 원을 주고 중고차 한 대를 구입했다. 처음으로 엄마 말을 고분고분하게 들었던 것 같다.

경산으로 돌아온 나는 새로운 직업을 구해야 했다. 마땅히 할 것이 없었다. 미술학원에 취업하는 것은 어려웠다. 나이가 많다는 이유였다. 교습소를 할 돈도 없었다. 급한 마음에 식당 쪽 일을 알아보았다. 이혼한 여자가 식당에서 일을 하게 되면서 성공하는 인생역전 드라마를 보았다. 그 드라마 외에도 착한 이혼녀가 식당서빙을 하다가 인정받고 착한 식당 주인과 새로운 삶을 시작했다는 내용의 드라마를 자주 보았던 것 같다. 그래서 나는 식당일을 만만하게 생각했다. '주방보조' 무슨 일을 하는지 정확히 모르지만 급여가 괜찮은 듯 했다. 이력서를 들고 찾아갔다. 사장님은 "식당일 해본적 있어요?"라고 물었다. "대학 다니면서 아르바이트로 한 달 경험은 있어요." "식당 보조는 설거지하고, 주방 이모일 도와주는 거예요. 생각보다 힘들어요." "네, 괜찮습니다. 잘 배우겠습니다." "다른 사람들도 면접 보고 3일 후 연락드릴게요." 낙방이었다. 그때 알았다. 농담으로 '할 것 없으면 식당이라도 가면 되지' 식당도 아무나 써 주는 곳 아니었다. 도대체 할 수 있는 일이 없을 것 같았다. 불안해졌다. 휴게소 직원채용 광고가 나왔다. 급여 140만 원이었다. 미술학원에서 강사로 일할 때 80만 원, 입시학원 상담할 때 120만 원이었다. 나쁜 수입이 아니었다. 숙식 제공도 된다고 했다. 전화를 하니 이력서를 들고 방문하라고 했다. 그날 엄마와 통화를 하면서 휴게소 이야기를 꺼냈다. 아무 말 없이 들으시다가 엄마 친구 딸 이야기를 아주 조심스럽게 꺼냈다.

그 언니는 고등학교 졸업을 하고 곧장 캐디를 시작했었다. 언니가 시작할 당시만 해도 캐디라는 직업은 아주 힘든 직업이었다. 손님들에게 폭행을 당하기도 일쑤였다. 뉴스에서 캐디들이 시위하는 모습도 보았다. 나는 캐디라는 직업은 다방 아가씨와 같은 수준으로 생각했었다. 언니는 꿋꿋하게 10년 이상을 했고 건물도 한 채 구입했다. 벌이는 꽤 좋았던 것 같았다.

나는 당장 먹고 살아야 한다는 두려움 때문에 캐디학원으로 갔다. 2주 동안 교육을 받았고 한 골프장에서 일할 수 있게 됐다. 나처럼 이혼한 사람보다 젊은 아가씨들이 더 많았다. '다들 이쁘고 젊은 아가씨들이 왜 이런 일을 하러 왔나' 의아했다. 학원 강사는 "요즘 캐디가 인기 많은 직업이에요"라고 했다. 나는 세상물정을 모르고 있었던 것이다. 자가용이 있으면 일하기가 훨씬 쉬웠다. 골프장이 외곽에 있기 때문에 돈을 벌면 다들 자가용 구입에 첫 지출을 했다. 엄마 덕분에 면허증을 취득하고 중고차라도 끌고 다닐 수 있어서 일 다니는 것이 조금 쉬웠다. 쉬는 시간이나 대기 시간 늘 구석에서 '불교 경전'을 읽고 있었다. 어떻게든 남편과 이혼은 막고자 하는 바람뿐이었기 때문이다. 그 모습이 조장 언니의 눈에 기특하게 보였는지 일하는 동안 많은 도움을 많이 주었다. 나의 실수로 손님이 화를 내어도 언니가 막아 주었다. 진행이 늦어도 화를 내거나 욕하지 않고 요령을 알려 주었다. 무례한 손님들은 삼진아웃 제도가 있었기 때문에 손님 때문에 힘든 것은 못 느꼈던 것 같다. 회사에서도 캐디들을 존중해주는 분위기였다. 쉬는 날 없이 일을 했다. 하루 벌이가 10만 원인 날도 있었고 20만 원이 되는 날도 있었다. 실력이 좋은 캐디는 팁만 10만 원을 받았다. 조장 언니는 20년을 일했으며 아파트가 3채라고 했다. "남들

눈치 볼 것 없다. 잘살면 그만이다"라며 나에게 힘을 많이 주었다. 3주만에 300만 원 이상을 벌었지만 나는 온통 남편과 이혼을 피하는 것만이 목적이었다.

　우여곡절 끝에 남편은 이혼을 포기하고 집으로 돌아왔다. 그리고 캐디 일은 그만 두라고 했다. 남편 역시 캐디라는 직업에 대한 선입견이 있었기 때문이다. 내가 버는 돈에는 더 이상 관심이 없었다. 나의 벌이 보다는 부인이 캐디한다는 소리가 듣기 싫었던 것이다. 생활비 60만 원을 주면서 알아서 살라고 했다. 부족한 돈은 미술학습지 교사를 하면서 메웠다. 오후에 잠시 하면서 30~40만 원 정도는 벌었다. 다시 나는 허울 좋은 선생을 하면서 가난해졌다.

　5년 전 친한 동생이 이혼했다는 소식을 들었다. 남편이 노름에 폭력까지 휘둘렀다고 했다. 이혼도 아주 어렵게 했다고 했다. 두 딸을 데리고 나왔다. 경력단절의 전업주부였다. 동생은 나보다 아주 강한 사람이었다. 돈을 빌려 미니 오토바이를 구입했다. 그리고 화장품 방문판매를 시작했다. 인상도 좋고 성격이 아주 좋았기 때문에 6개월 만에 단골손님이 꽤 많이 늘어났다. 나처럼 앓아누워 있지도 않았다. 여자는 약하지만 엄마는 강하다는 옛말 참 옳다고 한 번 더 실감했다. 나보다 네 살이나 어린 동생이지만 구김이 없다. 남의 시선 따위는 관심도 없다고 했다. 살아내는 것이 목적이 됐으니 그것 하나만 생각한다고 했다. 그 동생을 보면서 나는 나이만 먹은 어린아이구나 싶었다. 아이들이 다니던 학원 선생님은 이런 동생의 사정을 알고 학원비도 받지 않았다고 했다. 학원 선생님은 총각이었고 동생을 좋아하고 있었던 것이다. 아이들이 커서 독립할 때 까지 재혼은 하지 않기로 했고 두 사람은 좋은 연인으로 지냈다. 훗날 알게 되었지만 그 학원이 선생님 건물이었다는 것이다. 누구나 부러워 할 스토리다. '어떻게 살지? 남편 때문에 내 인생이 엉망이야' 이런 원망도 없이 그냥 살아야겠다는 생각뿐이었던 착한 마음 덕분일까? 아무튼 씩씩했던 동생이었다.

이혼은 하고 싶은데 해야겠다는 생각은 많은데 경제적인 문제 때문에 발목을 잡히는 경우가 참 많다. "내가 돈만 있어도 이렇게는 안 살지"라는 말을 종종 듣는다. 아이가 있고 전업주부 이거나 벌이가 크지 않다면 독립이 어디 쉬운 일이겠는가. 가장 인간다운 고민이라고 생각한다. 그러나 이혼이 절실하다면 못할 것이 없다. 아무리 좋은 자리 주어도 콧방귀 안 뀌던 내가 먹고 살려고 바닥의 일이라고 생각했던 일도 할 수 있게 됐다. 일에는 귀천이 없음을 그때 뼈저리게 배웠다. 돈벌이도 안 되는 작은 미술학원 강사였던 나는 선생이라는 착각 속에 빠져 살았다. 오만한 마음으로 세상을 규정짓고 틀 속에 갇혀 살았던 것이었다.

어떤 일이던 용기를 가지고 할 수 있는 사람이 있다. 반면 그렇지 못하는 사람도 많다. 아무리 옆에서 힘을 준다고 되는 일은 아니다. '나는 못해'라는 생각이 가득한 사람이라면 당장 이혼은 할 수 없다. 그러나 언젠가는 이혼을 해야만 하는 경우라면 이제라도 조금씩 준비해 보자. 자격증이라도 준비해보자. 이런 일 저런 일 따지는 사람이라면 결혼생활이 견딜만한 사람이다. 이혼이 절실하지만 어떻게 준비해야 할지 모르는 사람들이 많다. 에너지가 너무 없다. 심리 장애가 생겨버린 사람일 수 있다. 우선 마음을 치유할 것을 권한다. 그리고 차근차근 준비하면 안 될 것이 없다. 당신은 결코 혼자가 아님을 강조하고 싶다. 당신의 행복을 위해 당신은 움직여야 한다.

혼자 사는 외로움에 대한 두려움

첫 이혼을 하고 나를 동정하면서 슬픔에 한껏 취해 있었다. 한 달을 집에서 술만 마셨다. 그러다 갑자기 숯불고기가 먹고 싶어졌다. 아무리 슬퍼도 참을 수 없을 만큼 허기지면 살고자 하는 본능이 살아난다. 가족이든 연인이든 누군가와 고깃집에 앉아 있는 사람들이 참 부러웠다. 경산에서 사람들과 연락을 모조리 끊었기 때문에 도리가 없었다. 그러다 얼굴과 이름만 알던 지인과 연락이 됐다. 서로 안부를 주고받다가 고깃집을 가고 싶다고 이야기했다. "남편이랑 가면 되지?", "남편이 출장을 가서 같이 먹을 사람이 없네", "그럼 같이 가죠?" "그럴래? 고기는 내가 살게." 지인을 만나 고깃집을 갔을 때 너무 기분이 좋았다. 사람이 아니라 고깃집에서 고기를 먹을 수 있다는 것에 나는 한껏 취해 있었다.

나의 이혼은 준비 없이 했기 때문에 '이혼 후 어떻게 될 것인가'에 대한 생각을 하지 못했다. 두려움이란 것을 걱정해 보지 못했다. 아무런 마음의 준비도 없었다. '이혼을 하지 않겠다고 버틴 시간에 이혼 후를 준비했다면 더 큰 불행은 미리 막을 수 있었을까?' 하는 생각은 지금도 자주 해본다. 정신 없이 이혼을 했고 어쩌다 보니 나는 혼자였다. 신세 한탄에 외로울 정신도 없었다. 고깃집에 가고 싶다고 생각이 든 그 날에는 이혼 후 처음으로 외로움을 느꼈다.

지인과 고기를 먹은 다음 날 바로 짐을 정리하고 부산으로 왔다. 10년을 사람과 살았기 때문에 혼자 있겠다는 생각을 전혀 하지 못했다. 부모님 집으로 들어갔다. 이혼 전남편과 시아버지와 살던 때처럼 부모님과 함께 지내니 마음의 안정이 찾아왔다. 새로운 일을 소개 받을 수 있었고 수습 기간동안 몸은 지치고 힘들었다. 덕분에 커다란 이혼 후유증을 느낄 시간이 없었다. 그렇게 안정을 취하면서 나를 뒤돌아보는 시간을 가졌어야 했다. 그러나 너무 성급하게 재혼을 해 버렸다.

"쓰레기를 치우던 두 사람이 예쁜 접시에 먹음직한 떡이 놓인 것을 보았다. 쓰레기를 치우던 한 사람은 내복에 이런 일이 생겨서 감사합니다. 그러나 이것은 나의 것이 아닙니다'라며 접시를 옆으로 치웠다고 했다. 그 곁에서 함께 쓰레기를 치우던 사람은 '세상에 나에게 이런 복이 오다니!' 라며 덥석 그 떡을 집어 들어 한입에 넣고 급히 먹다 죽었다."

스님의 말씀처럼 나에게 '과한 복'인줄 알고 거절했어야 했다.

말로는 "안 된다. 싫다"고 했지만 이혼녀가 인물 괜찮은 공무원 노총각을 거절할 이유는 없었던 것이다. 내가 고생했다고 조상님이 복을 주시나 싶었다. 착각이었다. 내 마음에 쓰레기들이 가득 차 있음을 알지 못했다. 마음 상태가 전혀 준비되어 있지 않았음을 스스로 알지 못했다. 결코 행복할 수 없는 선택을 한 것이다.

두 번의 이혼 후 나는 혼자 지내기로 했다. 이혼하고 운이 좋아 친구 덕분에 이비인후과 내 보청기 센터에서 일하게 됐다. 첫 이혼 후 가진 직업은 몸이 힘들어 정신없이 보낼 수 있었다. 두 번째 이혼 후 가진 직업은 공부량이 어마어마했다. 공부하느라 정신없이 보냈다. 슬픔에 빠져 지낼 시간이 나에게는 길지 않았던 것도 행운이라 할 수 있다.

이혼 문의 게시판을 보면 이혼 후 혼자 사는 외로움에 대해 두렵다는 글들이 많다. 이혼 후 결혼생활 때 보다 더 바쁘게 살아야 한다는 것을 잘 몰라서 하는 말이구나 싶었다. 결혼생활을 할 땐 마음이 여유롭다. 직장을 다니고 육아를 하고 살림을 살아도 뭔가 여유롭다. 이혼 후 나는 육아를 하지 않았어도 너무 바빴다. 출근하고 퇴근하고, 해고라도 당할까 두려워 공부를 해야 했다. 생전 관심도 없었던 보청기에 대한 공부를 해야 했다. 판매를 해야 하니 영업에 관한 책도 봐야 했다. 노인들 대상이라 노인 심리도 알아야 했다. 마음이 하루 열두 번씩 열이 오르락내리락 했기에 불교경전도 읽어야 했다. 온갖 책을 붙들고 정신없이 보냈다.

초보 실력에 판매가 부진했다. 해고되지 않기 위한 안전장치가 필요했다. 병원에서 나를 필요로 할 조건을 가지고 싶었다. 간호조무사 자격증 취득을 위해 퇴근 후 학원을 다녔다. 직장 때문에 실습할 시간이 주말밖에 없었다. 1년 6개월 동안 주말은 실습을 했다. 쉬는 시간이라고는 잠자는 시간밖에 없었다. 2년을 정말 정신없이 보냈다. 3년째 되던 해부터는 일이 너무 바빴다. 정말 미친 듯 일에 파묻혀 살았다. 해고에 대한 두려움이 없어지고 마음에 조금의 여유가 찾아왔다. 직장과 집, 가끔 친구와 둘이 술 한잔 하는 것이 나의 대인관계 전부였다. 속상한 일이 있을 때마다 일과 상관없는 주변의 모든 사람들과 연락을 끊어 버리는 나쁜 습성이 있다. 일과 관련되지 않은 사람들은 만나지도 않았다. 그래서 나에게는 가까이 사는 친구 한 명, 일 년에 한 번 보는 친구 한 명 있다. 나의 친구는 "너는 남자다. 동굴에 숨는 버릇은 남자들 버릇이다"라는 말을 자주 했다. "나는 외롭다는 느낌을 잘 몰라. 혼자 있어도 불편하지 않으니까 그냥 집에 있는 거지" 친구에게 이런 대답을 한다. 나도 사람인데 설마 외로움 없겠는가. 외로움을 느끼는 것이 두려워 어떻게든 부정하는 것이다. 외롭다고 사람들을 만나고 어울리고 싶은 마음은 더더욱 없었다. 사람들을 만나는 피곤함이 너무나 싫었다. 나는 퍼즐게임에 심하게 몰입한다. 나의 상태를 알 수 없게 해주는 유일한 게임이다. 게임에 지칠 때면 술을 마신다. 뇌를 마비시켜 잠들게 만든다. 휴일에는 책에 파묻혀 살았다. 책에서 어떤 답을 찾기라도 하듯 매일매일 책을 주문했다.

가끔 나에게 위로를 주고, 공감을 주는 고마운 책을 만날 때면 너무나 기뻤다.

문화심리학자인 김정운의 《가끔은 격하게 외로워야 한다 : 내 삶의 주인이 되는 문화심리학》을 읽고 나의 혼자인 삶이 세련된 삶의 방식인 듯 기쁨에 취해 있었다. 저자는 자신이 원하는 자유로움과 원하는 일을 위해 일본으로 그림 유학을 떠난 심리학자다. 진정한 자유는 자신이 원하는 것 지정으로 바라는 것을 사회적 규범이나 구속에 얽매이지 않고 행동으로 과감하게 행동으로 옮겨가는 것이라고 한다. 그러기 위해 사회적 관계로부터 떨어져 외롭고 고립된 상태에서 자신이 원하는 것에 대해 사색하고 고뇌하면서 진정으로 자신이 바라는 바를 찾게 된다는 것이다. 이 책을 읽으며 나의 고독한 시간이 얼마나 근사한 시간인가를 다시 느끼게 됐다.

'시간의 공포를 극복하기 위해 인간은 달력을 만들었다. 하루를 24시간으로 쪼개고, 일주일은 7일로 나누고, 한 달은 4주로 분리하고, 일 년은 열두 달로 분해했다. 그렇게 시간을 각 단위로 나누면 하루, 일주일, 한 달, 한 해는 매번 반복된다. 반복되는 것은 아나도 안 무섭다. 그래서 한 해가 시작될 때마다 우리는 담배도 끊고 살도 빼기로 결심하는 거다. 지난해를 아무리 망쳤다고 해도 새로 시작할 수 있어 즐겁다.'

이 글이 나를 화들짝 깨웠다. 망쳐버린 지난날을 이랬으면 더 좋았을까? 그때의 선택의 잘잘못을 따지며 헤어 나오지 못하는 경우가 종종 있었다. 지금의 모습이 최선인가 하는 의문으로 새로운 선택 앞에서 자꾸만 주저하게 되기도 했다. 나의 의지와 상관없이 외로움으로 내몰린 사람도 있다. 저자처럼 자신의 자유를 위해 선택한 외로움도 있다. 어차피 외로워야 한다면 근사한 외로움을 선택해야겠다는 생각을 했다. 그래 인정하자. 나 혼자 열심히 살았다고 한들 소용없다. 내가 잘했던 못했던 이제는 더 이상 의미 없다. 망쳤다고 하자. 인정하자. 그 망침이 내가 선택한 외로움이라 생각하자. 그리고 이 시간을 격하게 즐겨보자. 새로 시작할 수 있는 설렘을 가져보자. 이런 희망이 생겼다. 나는 이 책 덕분에 외로움이 설렘으로 바뀔 수 있었다.

내가 선택한 삶의 방식은 누군가에게는 근심스러운 방법일 수 있다. 그러나 삶의 방법에 답은 없다. 자신에게 맞는 회복 도구를 찾으면 되는 것이다. 주변에 이끌려 다닐 필요도 없다. 두 사람이 함께 있어도 외롭다. 아니 혼자 외로울 때 보다 더 외롭다. 외로움이 두렵다고 새로 시작할 수 있는 즐거움을 포기하기에 인생이 너무 멋있다는 생각을 하자. 내가 알고 있는 세상은 해운대 모래사장의 모래 한 알 크기일 뿐이다. 외로움은 두려움의 대상이 아니다. 외로울 수 있음은 행운이라 생각한다면 나의 인생은 온전히 나의 것이 된다. 나로 인해 나의 삶이 채워질 때 진정한 행복을 가질 수 있다. 외로움을 즐길 수 있다면 한층 더 성숙된 사랑도 만날 수 있다. 두려움은 나를 더 강하게 만들어 주는 고마운 감정이다. 두렵기에 더 많은 준비할 수 있다.

이혼녀 이혼남 타인의 따가운 시선

2009년 농익은 겨울, 이혼하고 꽤 오랜만에 친구 집에 갔다. 그 당시 가장 친하게 지냈던 친구이다. 친구 남편도 학창시절 가깝게 어울렸던지라 불편함 없이 갈 수 있었던 곳이었다. 그 당시 나는 억울하고 속상함이 전부였다. 한참을 친구에게 나의 이혼 이야기를 내뱉고 집으로 돌아왔다. 그래도 친구가 있으니 이런 말도 하나 싶어 조금의 위로는 됐다.

얼마 뒤 그 친구 집 부근 어느 맥줏집에서 다시 만나 학창시절 재미있었던 추억을 나누며 현재의 나를 잠시 잊고 있었다. 친구가 좀 망설이더니 "너 이혼한 거 남편한테 이야기했다. 그런데 신랑이 너 자주 보지 말라고 하더라"라고 말했다. 이 말을 듣는 순간 온몸이 경직되는 것 같았다. 겨우 이혼했을 뿐인데 이혼을 했으니 자주 만나지 않았으면 한다는 것은 내가 나쁜 바이러스라도 옮길까 걱정을 한다는 것인가?' 하는 불쾌한 감정이 들었다. "그래. 네 남편의 입장에서는 내가 불편할 수도 있겠다. 자주 안 보면 되지" 라며 아무런 감정을 보이지 않고 웃으며 헤어졌다.

단순히 아내의 친구도 아니고 세 사람 꽤 친하게 어울렸던 사이였는데. 집에 와서 곰곰이 생각해보니 남편이 아닌 친구의 심정이 아닐까 하는 생각도 들었다. 혹시라도 내가 짐이라도 될 것 같은 부담도 있을 수 있다고 생각했다. 그 후로 내가 먼저 친구에게 전화하는 일은 없다. 그 말을 들은 지 12년이 지났지만 그날의 충격은 너무나 그대로다. 이혼한 남자의 얼굴은 생각이 나지도 않는데. 그날 나는 아주 초라해짐을 느껴야 했다. 매서운 부산의 겨울 바람이 친구가 내게 했던 말보다 매서울까 싶었다. 학창시절 함께 나누었던 친구의 정이 한순간 정리됐다. 이혼한 사람은 어떤 문제가 있을 것이라는 사회적 시선을 가까운 친구에서 처음 받았다. 이혼녀는 착실하게 잘 사는 아내를 꼬드겨 나쁜 짓을 할 사람이라는 인식을 가졌을 수도 있는 것이다. 이혼한 친구는 자신의 시간을 빼앗아 갈 것이라는 생각을 한 것일 수도 있다. 나는 이혼만 했을 뿐인데 경계의 대상이 되어야 할 이유를 도저히 알 수 없었다. 생각이 꼬리를 물고 또 다른 생각들이 이어졌다. 그러면서 차츰 위축이 되기 시작했다. 그로 낯선 사람들에게 이혼녀임을 전혀 밝히지 않았다. 결혼했던 사실까지 숨겼다.

어린 시절 내가 살던 동네로 이혼한 엄마와 딸이 이사를 왔다.

동네 아주머니들은 아무런 속 사정을 몰라도 이혼한 그 아주머니를 팔자가 사납다고 했다. "여자가 문제가 있으니 이혼을 했겠지. 그 여자 얼굴 보면 색기가 줄줄 흐르잖아"라고 하며 이혼은 무조건 여자의 잘못으로 몰아갔다. 이런 여자들의 뒷담화를 들으며 나에게도 고정관념이 생겼던 것 같다. 이혼한 그 아주머니가 동네 아저씨에게 활짝 웃으며 인사하는 모습만 보여도 뒤에서 수군거렸다. "밤에 그 집에 누가 드나드는 것 같던데?" 매일 한 번 이상은 이혼한 아주머니의 이야기를 들었던 듯하다. 사실을 알 수 없는 그 말들을 모으면 소설 한 권은 될 것이다. 나의 부모님은 동네 사람들과 친하게 지내지 않았다. 특히 엄마는 '부산진시장'에서 옷가게를 하고 있었기 때문에 동네 사람들과 어울릴 시간이 없었다. 나는 친구들과 뛰어노는 것보다 동네 아주머니들이 모여 있으면 그사이에 끼어들어 온갖 이야기를 듣는 것을 즐겨 했다. 듣고 나서 혼자 생각하고 판단했다. 그래서 내가 생각하는 그 이혼한 아주머니는 색기가 흐르고 팔자가 더러운 여자였다.

많은 사람이 이혼은 여자의 잘못이라고 생각한다. 남편의 폭력 이야기에 '여자가 뭐 잘못했으니 맞았겠지' 하며 수군거린다. 남편이 도박을 해도 '여자가 남자 관리를 못해 그렇게 된 거지'라고 하고, 남자가 바람을 피우면 '오죽했으면 바람까지 피울까'라고 말한다. 뚱뚱하고 못생긴 이혼녀를 보며 "저 몰골에 남편이 있었다는 게 신기하다. 남편 비위가 참 좋았겠네"라며 수군거린다. 아주 예쁜 여자가 이혼녀라면 "여러 남자 홀렸겠지. 남편 속 많이 썩혔겠다. 남자 잡아먹을 상이야"라며 동네 아주머니들의 안줏거리가 된다.

나는 이런 어처구니없는 말들을 들으며 자랐다. 이혼녀는 공격과 멸시의 대상이 된다. 특히 여자들이 이혼녀를 더욱 거세게 비난한다. 나의 이혼 소식을 들은 동생은 내가 바보라 이혼당했다며, 남편의 바람도 다 내 탓이라고 했다. 동생도 저런 소리를 하는데 세상 사람들은 얼마나 상상의 날개를 달고 쉽게 말할까 싶었다.

내가 아는 이혼남은 오히려 동정을 받았다. 이 남자 버리고 간 여자가 아주 나쁘다는 것이었다. 이혼남을 많이 접하지 못했기에 여자 입장이 많다는 것을 양해 바란다. 첫 남편은 이혼 두세 달 만에 재혼했다. 그러면서 "이제라도 좋은 사람 만났으니 행복해야지"라는 위로를 받았다는 이야기를 들었다. 병든 아버지 수발든 것은 나인데 들려오는 소리는 나 때문에 다들 마음고생 했고, '내가 모든 재산 들고 남편 버리고 떠났다'라고 소문이 돌았다고 한다. 그것이 사실이라면 그 남자는 이혼을 하자마자 재혼이 가능했을까? 기가 막히는 소리는 막장드라마 대사 같았다. 어느 방송에서 한때 도박에 빠졌던 남자가 울면서 떠나버린 아내를 그리워하는 장면이 나온 적 있었다. 그때 옆에서 어느 언니가 "부인이 좀 잡아주지"라며 안타까워했다. 나는 너무 기막혀 "형부가 노름으로 재산 몽땅 날려 먹어도 언니 옆에서 지켜 줄 거예요?"라고 하자 "미쳤니!"라고 했다. 자신의 일 아니라고 마구 지껄이는 정신들 어떻게 고쳐야 하나 답답했다.

드라마 〈부부의 세계〉가 한동안 엄청난 인기를 끌었다. 외도한 남편과의 이혼 과정과 이혼 후의 모습을 드라마로 보여주었다. 주인공이 이혼하려 할 때 이런 말을 듣는다. "이혼녀가 왜 돌싱이라고 말하지 못 하는 줄 알아?" 이 대사에서 나도 숨이 막혔다. '돌싱'이라고 말하는 순간 아직도 많은 사람들은 나에게 커다란 문제가 있다고 생각을 한다. 이렇게 이혼이 급증하고 온갖 드라마에서 불륜과 이혼이 판을 치는데 사람들의 의식은 변화가 없다. 그리고 물어본다. "왜 헤어졌어요?" 너무 예의 없다는 생각에 "알아서 뭐하게요?"라고 쏘아 붙이고 싶지만 '저런 성질머리니 이혼을 당한 거야'라고 그들의 가십거리가 되기 싫어 "살다 보면 그런 일 저런 일 있는 것이고 안 맞으면 이혼도 하는 거죠"라고 말한다. 이 정도면 알아듣고 그만해줘야 한다. 그러나 "왜? 남편이 바람피웠어? 자기가 바람피운 거야?"라고 아주 신이 나서 물어본다. 남의 상처를 헤집으면 자극적인 이야기에 흥분하는 정신이 온전하지 않은 인간들 때문에 나는 돌싱이라 말하지 않는다. 싱글이라고 할 뿐. 알아듣는 것은 듣는 사람의 몫이다.

남자들은 내가 돌싱이라고 말하는 순간 눈빛이 달라진다. 화끈하고 개방적인 여자라 생각을 한다. 그리고 본인의 모습은 생각하지 않고 손만 뻗으면 외로운 이혼녀는 자기의 것이 될 것 같은 착각과 환상에 빠진다.

여자들도 색안경을 끼고 본다. 요즘은 유부녀, 유부남들도 연애하겠다며 불륜이 판을 친다. 이혼녀인 나는 연애가 당연한 것 아닌가? 남자라도 끼고 가면 이러쿵저러쿵 멋대로 쑥덕거린다. 연애해도 곱지 않게 본다. 못생기고 나이든 남자를 사귀면 돈을 보고 붙었다고 한다. 인물이 잘났으면 정신 못 차리고 아직 인물 본다고 한다. 여자이기 이전에 사람이다. 사람과 사람으로 친절함을 베풀어도 남자에게 헤프다고 한다. 이런 사람들이 나를 미치게 한다. 이혼한 전남편보다 더 화나게 못살게 하는 주변 사람들이 악마라는 생각을 매일매일 했다. 그들은 이혼할 능력도 용기도 없다. 매번 푸념을 늘어놓거나 비겁하게 불륜을 저지르면서 이혼을 못 할 수백 개의 이유를 쏟아낸다.

하지만 나는 나의 삶에 대한 책임감이 강하다. 나는 나를 사랑한다. 나는 기생하는 삶을 선택하지 않았다. 나는 그들보다 당당하고 행동력이 있었을 뿐이다. 그러나 비겁한 그들은 자신의 합리화를 위해 이혼한 사람들을 곱게 봐 주지 않는다.

나도 한때 이혼에 대해 좋지 않은 고정관념을 가지고 있었다. 잘못된 고정관념을 개선할 수 있는 반사회적 시선도 필요하다. 사회가 심어주는 관념을 한 번의 비판 없이 수용하며 사는 사람들은 동물동장에 갇힌 동물과 다를 것이 없다고 생각한다. 세상의 많은 부모가 이혼을 겪었다. 내가 겪었다. 그리고 주변에 좋은 사람들도 이혼을 겪는다. 당신의 성품이 좋고 사람 보는 안목이 훌륭하다. 덕분에 좋은 사람 만나 당신과 배우자의 삶의 목적과 가치와 이상향이 같다. 당신들의 인생 목적을 향해 손잡고 달려나간다면 최상의 결혼생활이다. 누구나 이런 결혼생활을 꿈꾼다. 이혼녀 이혼남이 되고 싶은 것은 아니기 때문이다.

어떤 이유이건 결혼이라는 생활이 평탄치 않아 이혼했다면 그들은 너무나 상처를 받고 힘든 사람들이다. 이혼 한 모든 사람은 심리 장애가 있다. 누군가의 이혼을 비난하거나 평가할 자격은 아무에게도 없다. 남의 인생을 살아보지 않았다면 "그랬구나. 힘들었구나" 이만큼의 위로를 해주어도 당신은 참 고마운 사람이다. 이혼 스토리가 누군가의 술상 위에 마른안주처럼 회자 되는 것은 정말 아니라고 생각한다. 100년을 살아야 하는 시대다. 지금이라는 현실에 안주하지 않고 용기 내어 자신의 참 행복을 찾은 이혼녀, 이혼남에게 나는 오늘도 힘차게 응원한다.

이혼은 불효인가?

처음 이혼 통보를 받았을 때만 해도 나는 무척 철이 없었다. 나이는 30대 중반을 넘겼지만, 부모님 마음을 헤아릴 만큼 철이 든 것은 아니었다. 엄마 앞에서 속상함을 마구 털어놓고 온갖 히스테리를 다 부렸다. 지금 생각하면 부모님 마음은 어땠을까 싶다. 부모님도 내가 어린 시절 이혼을 하셨다가 재결합하셨기 때문에 자식의 이혼 소식이 여간 속상한 일이 아니었을 것이다. 나에게는 사춘기 시절이 없었던 것 같다. 사춘기 생떼를 부릴 환경이 아니었기에 혼자 삼키는 일이 많았다. 철이 늦게 드는 탓인지 30대 중반에 엄마에게 어리광을 부리기 시작했다. 조금만 속상해도 엄마에게 속내를 털어놓고는 했다. 엄마는 나와 함께 넋두리하는 분은 아니었다. 화를 토하고 나면 밥을 내주시거나, 노래방 다녀오라고만 원짜리를 한 장 쥐어 줬다. 아버지는 엄마와 내가 정말 사소한 일로 다툴 때는 연년생 자매 같다고 했다. 그러나 내가 너무 힘들어할 때는 엄마 아무 말 하지 않으시고 나의 암울한 공기를 걷어내어주는 분이었다. 이제야 느끼는 고마움이다. 엄마 덕분에 잘 버틸 수 있었고 이혼에 대해 시시비비도 따지지 않으셨다. 워낙 내가 귀를 닫고 살아서일까?

급하게 재혼이 결정됐을 때 아버지는 나에게 너무나 실망했음을 여지없이 내뱉으셨다. 집에 인사온 남편에게 건넨 첫 마디가 "자네는 총각이고 내 딸은 이혼녀인데 왜 결혼하려고 하냐"는 것이었다. 남편은 구구절절 사랑타령을 하며 결혼을 허락해달라고 했다. "자네 아버지가 속상해하거나 반대하시면 절대 결혼을 하지 마시게"라고 했다. 환대받지 못한 남편은 쓸쓸하게 돌아갔다. 그날 저녁 아버지는 너무 속상한 표정으로 "남자 없이 못 살겠냐?"라며 담배를 입에 무셨다. "나는 네가 일도 하면서 하고 싶은 공부하고 이제는 즐겁게 네 인생 살았으면 좋겠다"라고 하시는데, 내 인생이 누군가에게 미안하다고 느낀 것은 처음이었다.

재혼을 하고 2년을 넘게 주말 부부로 지냈다. 시아버님은 내가 싫으셨는지 찾아뵙는 것도 마다하셨다. 결혼 후 두 번을 뵈었던 것 같다. 남편 혼자 서울에 계시는 아버님 뵙고 왔다고 했다. 처음은 시아버지 간병을 하며 함께 살았지만 두 번째는 아예 만나지 않았다. 시댁이 없는 것이나 마찬가지였다. 극과 극. 아이가 없어서 첫 이혼이 더 쉬웠다는 생각에 임신하려고 많은 노력을 했다.

병원도 다녔다. 약도 먹고 주변에서 권유하는 많은 것들을 했다. 산부인과 원장님은 "임신하려는 사람이 장거리 운전하고 다녀오면 어떻게 해요"라고 역정을 내셨다. 남편이 부산으로 전출을 신청했고 남편 직장 근처로 신혼집을 얻었다. 남편은 부산으로 전출을 오면서 많은 것을 포기하고 왔다. 회사에서 속상한 일이 있는 날이면 나 때문에 전출온 것이 원인이라 생각하는 듯 말들을 툭툭 던졌다. 남편은 나에게 다정한 위로를 받고 싶었을 것이다. 그러나 당시 나는 마음에 분노와 억울함 응어리가 맺혀 있었던 터라 고운 말이 나오지 않았다. 전남편에 대한 원망이 재혼한 남편에게로 쏟아지고 있었던 것이다. "이럴 거면 왜 왔어"라고 쏘아붙였다. "내가 오라고 한 것도 아니었는데 나를 원망하지 말라고!" 차갑게 말했다.

남편은 엄마의 기억이 전혀 없다. 너무 어린 시절 돌아가셔서 엄마라는 단어도 모를 정도다. 엄마의 사랑이 무엇인지도 모른다. 개구쟁이 사내 녀석이 버거우셨던 할머니는 늘 야단으로 키우셨다. 나와 결혼을 결심한 이유가 이혼녀이기 때문이었다. 한 번의 실패가 있었기 때문에 가정에 더 많은 정성을 쏟을 것이라 생각했다. 자신에게도 많은 사랑과 이해심으로 보듬어줄 것이라는 희망이 컸다. 결혼생활을 잘 유지해야 한다는 생각도 없었다. 그냥 조금이라도 화가 나거나 속상하면 쏘아붙였다. 이해심과 인내심은 바닥이 나 있는 상태로 재혼을 했기에 결국 편할 날 없었다. 아버지는 이런 나를 알고 계셨던 것이다.

주말에는 남편과 직원 후배들과 즐겁게 보냈다. 동해로 드라이브도 하고 맛난 음식도 먹었다. 분위기가 너무나 좋았다. 집 앞 노래방에서 즐겁게 마무리하기로 했다. 종일 운전을 했던 나는 술이 한잔 두잔 들어가니 너무 피곤해 집으로 먼저 돌아왔다. 그리고 누워 자던 나에게 느닷없는 발길질과 폭행을 했다. 경비실로 도망을 쳤고 눈을 떠 보니 119에 실려 백병원 응급실에 누워있었다. 도대체 나에게 왜 그런 폭행을 가했는지 도저히 알 수 없었다. 지갑도 없었고 전화기도 없었다. 경찰은 부모님 아파트 경비실에 전화해 인터폰으로 부모님께 사실을 알렸다. 구타당한 자국을 보시고 넋을 놓으셨다. 진단서를 끊고 부모님과 집으로 갔다. 남편은 술에 만취되어 잠시 머리가 어떻게 되었던 것이라며 싹싹 빌었다. 내가 후배직원과 바람을 피웠다는 것이었다. 노래방에서 내가 간다고 한 것을 듣지 못했고, 후배와 나갔다고 생각을 한 것이다. 너무 기가 막혔다. 그런 상황을 보시고도 아버지는 나에게 참으라고만 하셨다. 이혼은 절대 불가였다. 하지만 난 남편을 고소했다. 이혼이 결정되는 날까지 더 치열하게 싸움을 했다.

두 번째 이혼은 내가 원했던 것이지만 너무나 속상하고 내가 또 망쳐버렸다는 생각에 끊었던 술을 매일 마셨다. 남편의 살기 띤 눈빛을 보았기에 더는 함께 살 수 없었다. 내가 살기 위해 남편을 죽일 수 있겠다는 생각도 들었다. 더 큰 불행을 만들기 전 어떻게든 이혼을 강행해야 했다. 부모님께 아무런 말씀도 못 드렸다.

첫 이혼과 달리 혼자 끙끙 앓았어야 했다. 주변 사람들 아무도 모르게 둘이서 신속하게 끝냈다.

　남자가 이삿짐을 가지고 나가던 날, 만취해 옷장에 목을 맸다. 두 번째 나쁜 짓을 시도했다. 내가 나를 어떻게 해야 할지 몰랐다. 도대체 왜 이렇게 엉망이 되어 가는지 문제가 무엇인지 도저히 몰랐다. 나는 지하 10층 콘크리트 벽에 갇혀 있는 기분이었다. 부모님께 도저히 이혼 사실을 알릴 수 없었다. 누구에게 이혼에 대한 말 한마디 할 수 없었다. 석 달을 방에 갇혀 술만 마셨다. 술을 사서 들고 폐인처럼 집에 들어가는 길에 누군가가 나를 반갑게 불렀다. "현서야!" 결혼 전 얼굴 몇 번 봤던 친구였다. 술병이 가득 들어있는 비닐봉지를 보더니 차에 태워 드라이브를 시켜주었다. 물어보는 말도 없었고 할 말도 없었지만 참 고마웠던 시간이었다. 한참 밤공기 마시다가 "나 이혼했다. 그런데 아무한테 말 못하겠다. 부모님한테 면목이 없다. 그냥 죽었으면 좋겠다"라고 친구에게 털어놓았다. 그 친구는 이유는 물어보지도 않았다. "부모님이 속상해하시더라도 자식이 어떻게 사는지 알고 계시는 것을 더 안심하실 거다"라는 친구의 말에 부모님께 말씀드릴 용기를 냈다.

　"아버지 죄송해요. 또 이렇게 되었습니다. 너무 죄송해요" 닭똥 같은 눈물이 후두둑 떨어졌다. 아버지는 예상과 달리 "네가 더 힘든데 왜 죄송하노. 이제는 진짜 네 인생 살아라" 이 말씀뿐이었다.

　정단별 변호사는 《이혼할 용기》에서 극도로 보수적인 부모님에게 이혼을 말씀드리기가 겁이 났다고 했다. 부모님은 행복한 결혼 생활을 유지하고 있다고 생각을 하고 계셨다고 했다. 그러나 남편에 대한 신뢰가 무너지고 성격이 맞지 않아 극심한 스트레스를 받고 있었다고 한다. 2년 동안 부모님을 설득하려고 했으나 큰 불효인 것처럼 느껴져 마음이 약해지고 죄책감마저 들었다고 했다. 불행한 결혼생활이 반복되면서 '자신의 인생을 부모님이나 다른 사람들 눈치 보고 불행하게 살아야 하는가'라는 깊은 회의감이 들었다고 한다.

아무리 부모님이라 하더라도 자신의 인생을 대신 살아줄 수 없다는 생각을 하고 이혼을 해버린 뒤 부모님께 사후 통보를 했다고 한다. 이혼 후 더 밝아진 모습으로 행복하게 독립생활을 시작한 딸의 모습을 바라보며 비로소 진정한 행복을 찾았음을 아시고 저자의 인생을 응원하신다고 했다.

부모님은 '나 자신'이 아니다. 누군가 설득을 하고 눈치를 보느라 나를 불행하게 하는 것은 주변 모든 사람을 더 불행하게 하는 것이다. 오히려 내가 더 당당하게 행복하게 살아낸다면 모두의 우려를 거둘 수 있다. 나는 죄책감에 불행을 안고 살지 않았다. 이혼 후 열심히 돈을 벌었다. 남편이 없어도 충분히 행복할 수 있다는 것을 보여 드리기 위해서였다. 부모님 친구분들의 자녀들이 결혼 생활을 잘하고 있어도 혼자인 내 딸이 더 멋지게 산다는 자부심을 드리기 위해 열심히 살아냈다. 1년에 3번은 부모님과 여행을 다녔다. 매달 맛있는 것 먹는 모임도 가졌다. 부모님이 좋아하시는 용

돈도 챙겨 드렸다. 곁에 남편이 있던 딸보다 혼자된 딸이 더욱더 잘 사는 모습에 어딜 가시나 딸 자랑이셨다.

해가 뜨면 해가 진다. 어두운 밤이 오면 어김없이 밝은 낮이 찾아온다. 법륜스님은 스무 살이 되면 부모는 자식을 놓아야 한다고 하셨다. 자식 역시 스무 살이 되면 부모를 떠나야 한다고 하셨다. 내 배가 아프면 내가 화장실을 가야 한다. 아무리 나를 사랑하시는 부모님이셔도 대신해주실 수 없는 나의 인생이다. 이혼은 결코 불효가 아니다. 불행한 결혼생활이 더 큰 불효다.

이혼 전에도 독박육아,
이혼해도 독박육아

별거 중일 때 가슴이 답답하면 아파트 단지를 어슬렁거리며 돌아다녔다. 봄이었기에 많은 사람들이 벤치에 앉아 도란도란 이야기를 나누었다. 같은 아파트 옆 동에 사는 타학원 강사가 아기를 엎고 산책하고 있었다.

"어머 선생님, 안 피곤하세요? 이 시간 쉬시지 산책을 나오셨어요."

"산책이 아니고 아기가 너무 울어서 데리고 나왔어요."

"잠투정이 심한가 보군요?"

"한 시간씩 기본으로 울어야 잠이 들어요. 남편이 짜증을 심하게 내서 데리고 나왔어요. 이렇게 재워야 새벽까지 조용해요."

"남편분이 남의 애도 아닌데 짜증을 내면 되는가? 남편한테 재우라고 하시지."

"절대 애 안 봐줘요. 집에 오면 한 번 안아주고 그만이에요."

"집안일은 도와주죠?"

"아니요. 밥 먹고 작은방 들어가서 오락해요."

너무한 것 아닌가 싶었다. 맞벌이하는 부부이고 아기는 어리고 집안일을 해야 한다. 어떻게 밖에서 일하는 것 외에는 아무것도 하지 않을 수 있는지 화가 났다. 그러다 가만히 생각해보니 나도 독박살림이었다. 애가 없었기에 독박육아는 면했나 싶었다. 집안일이란 부인이 밖의 일을 하지 않고 안의 일을 전적으로 맡았을 때 부인의 일이지만 함께 밖의 일을 하는데 너무 억울하다는 생각을 했다.

나처럼 이혼을 잘 겪어내고 새로운 삶을 힘차게 살아가는 싱글들의 모임에서 많은 이야기들을 접하게 된다. 이혼을 직면했을 때 두려움은 누구나 가지고 있었다고 한다. 그러나 시간이 지나면서 새로움에 익숙해지다 보니 우스갯소리로 두 번도 하겠다고 한다. 지나고 보며 정말 별것 아니구나 하는 것을 알게 된다는 소리다.

육아 문제에 대한 정보교환도 잘 되어있다. 해맑은 아이들의 모습을 보면 한 부모 가정의 아이라는 생각이 사라진다. 세상이 변했다는 것이다. 예전 한 부모 가정의 아이들은 불쌍함과 서글픔이 전형적인 모습이었다면 요즘 아이들은 더 밝고 씩씩하다. 현명한 부모들은 예전처럼 원수가 되지도 않는다. 아이와 관련된 행사에는 함께하는 경우도 보인다. 매년 한번은 함께 여행도 다닌다고 한다. 부부는 남이 되어도 아이에게는 두 사람이 부모이기 때문에 왕래하는 것은 바람직하다고 본다. 이럴 수 있는 부부들은 결혼생활 때부터 아이의 육아를 공동으로 했기 때문에 가능하다고 한다. 엄마 혼자의 육아였다면 이혼 후 아버지의 육아 동참은 어렵다고 했다. 아이 때문에 이혼을 미루는 것이 아니라 현명한 이혼을 한 젊은 부부들이 멋지게 보였다.

한 여성 회원은 21세에 남편을 만났다고 했다. 남편과 나이 차이가 많이 났고 꽤 가부장적인 남자였다. 남편은 군인이었고 이동이 많아 아이들 학교 때문에 떨어져 지낼 때가 많았다고 했다. 남편이 없어도 늘 아이들과 공원을 다녔다고 했다. 함께 공연도 다녔으며 남편 없는 여행도 다녔다고 했다. 젊은 엄마는 역시 다르구나 하는 생각을 했다. 그렇게 열심히 남편 몫까지 아이들을 키웠지만, 남편과의 성격 차이로 이혼을 선택했다고 한다. 남편은 가정적이 성격이기는 하나 다혈질이어서 화가 내면 집기를 던지는 등 난폭한 면이 있었다고 했다. 남편 없이 혼자 아이를 키우는 것도 어린 나이에 쉽지 않았을 것이다. 남편마저 마음의 상처를 준다면 순간 잘못된 판단을 할 수 있었을 것이라 생각했다. 결국 남편 성격을 견딜 수 없어서 합의 이혼을 했으며 남편이 경제적 상황이 좋아 아이들은 남편이 맡았다고 했다. 지금 큰 애는 중학생, 작은 애는 초등 5학년이라고 했다. 이제까지 잘 키우고 잘 참았는데 왜 성급하게 이혼을 했냐고 물었다. 더는 참을 수 없는 한계점에 도달했기 때문에 어쩔 도리가 없었다고 한다. 부부 사이는 둘만의 문제이니 더 깊은 내막은 알 수 없다.

　21세. 나는 그 나이에 너무 철이 없었다. 꿈도 많고 한참 친구들과 추억 만들기 좋았을 시절 성급한 결혼을 한 그 여자 회원이 아깝다는 생각이 들었다. 자유롭게 살고 싶어 2년 정도 싱글로 지냈다고 했다. 아직 젊은 나이다 보니 주변의 권유가 심해 현재 결혼을 앞둔 남자가 있다고 한다. 주변 평판이 좋아 사귀기 시작은 했는데 남자에게 아이가 둘 있다고 했다. 이제 초등학생이라고 했다. 전남편은 벌써 재혼을 했으며 자기 아이 둘과 재혼한 부인의 아이 한 명이 함께 지낸다고 했다. 참 먹먹함이 몰려왔다.
　어린 나이에 힘들게 실컷 아이들을 키우고 마음 아프게 헤어져 사는데 남의 아이를 키워야 하다니. 나도 모르게 팔자타령을 해버렸다. 여자는 경제적으로 안정을 취하고 싶었을 것이고, 남편은 아이들을 키워줄 사람이 필요한 만남이었다. '버럭거리는 남자는 재혼해서 문제없이 사는데 좀 참지'라는 생각만 맴돌았다. 자기 자식은 다른 아내의 손에서 키우면서 부인은 자신과 상관없는 애들을 성심껏 돌본다는 것은 참 이해 불가능한 일이다.
　남편이 심한 폭력을 행사한 것은 아니다. 외도한 것도 아니다. 노름한 것도 아니다. 단지 군인이라는 신분으로 어쩔 수 없이 떨어져 지내야 했고, 군대라는 특성 때문에 스트레스가 많았던 것을 아내에게 폭발한 것이 죄였다. 한참 친구들과 어울려 즐거웠어야 할 나이에 독박육아를 하면서 마음이 많이 힘들어 있었고 자유로운 친구들이 너무나 부러웠다고 했다. 남편이 화를 낸 이유도 본인이 억울하고 속상해서 말대답을 하니 화를 낸 것이라고 했다.

이제는 꼼짝 없이 좋은 새엄마가 되어야 한다. 더 속상한 것은 자신의 아이들이 사춘기가 되었고 새엄마와 사이가 아주 좋지 않다는 것이다. 나와 이야기하는 날 자신의 아이들은 외할머니 댁에 와 있었다고 했다.

"언니 이 결혼을 해야 해요? 안 해야 해요?"

"너를 위해 한 이혼인데 이집 저집 아이들 문제로 정작 너는 다시 없어지는구나."

이 정도의 말만 해줄 수밖에 없었다. 선택은 본인이 해야하는 것이기에. 어린 아이들이 있을 경우 이혼은 정말 어렵다. 차라리 남편은 군인이라 타지역으로 가면 되는 것이었고 성인이 될 때까지 기다렸더라면 하는 안타까움이 있었다. 그것마저 힘이 들었다면 재혼을 조금 미루었다면 얼마나 삶이 편했을까 싶었다.

여자 회원은 어쩔 수 없이 독박육아를 하며 지쳤고 성급한 이혼으로 고생한 보람 없는 결과를 가져야 했다. 자신이 원한 이혼이라 딱히 돈을 더 받아 나오지도 않았다고 했다. 혼자 14년을 고생했는데 너무 억울하다는 생각이 들었다. 독박육아에 대한 이혼 사례가 있을까 해서 검색을 해보았다. 한승미 변호사의 블로그에서 비슷한 사례를 찾을 수 있었다.

민법 제840조 제6호에서 '기타 혼인을 계속하기 어려운 중대한 사유가 있을 때' 혼인관계를 해소할 수 있다고 명시하고 있다. 대법원은 '중대한 사유라는 것은 혼인관계를 하는 당사자에게 고통스러울 정도의 상황이 지속적으로 반복될 때 인정된다.' 즉 단순히 본인 홀로 육아 및 가사노동에 힘쓴다는 것만으로 혼인관계를 해소할 수 있는 것은 아니라는 것이다. 이로 인해 신체적, 정신적인 고통을 겪고 있다는 것을 입증해야 독박육아 이혼이 가능하다는 것이다. 애를 혼자 돌보고 집안일 하는 것을 증거로 남겨야 한다. 그 증거는 홀로 육아를 행했다는 주변 사람들의 진술, 도움 요청에도 방관하는 배우자의 문자, 카카오톡, 통화 기록을 활용할 수 있다고 했다. 재판에 승소한 사건도 자세히 소개해 두었기에 조금만 노력을 기울인다면 많은 조언과 정보를 얻을 수 있었을 것이다.

엄마는 여자보다 강하다는 말이 있다. 내 배 아파 낳은 자식이라 엄마는 어떤 힘든 일이 있어도 다 해낸다. 원더우먼이다. 그러나 세상이 바뀌고 있기때문에 함께 도우며 조율하며 살아야 한다. 가끔 아빠들의 육아 소식이 매스컴을 통해 들려지면 다들 부러움에 치를 떤다. 미국의 남편은 퇴근 후 곧장 집으로 귀가해야 한다. 함께 육아를 해야 하며 어떤 자리에 가든 부부 동반해야 한다. 미국에서 이혼한 부부는 갈 곳이 없어진다고 한다. 우리나라 남편들 회식이다, 동아리 모임이다, 동창 모임이다 여러 핑계로 술 한잔하고 늦은 귀가를 한다. 그것을 문제 삼으면 '그럴 수도 있다'라고 한다. 그럴 수 없는 것이다. 아기 엄마가 회사 끝나고 회식, 동아리 모임, 동창 모임으로 술 한잔 하고 늦은 귀가를 한다면 그럴 수 있는 것인가? 아이는 아내만의 아이가 아니다. 남편이 함께해야 하는 것이다. 가끔 나는 아내 많이 도와준다는 남편들 정말 밉다. 도와주는 것이 아니고 당연히 해야 하는 일이다. 이혼 후 후회하지 않도록 함께해나가시라고 당부한다.

4장

이혼 제대로 알고
준비하자

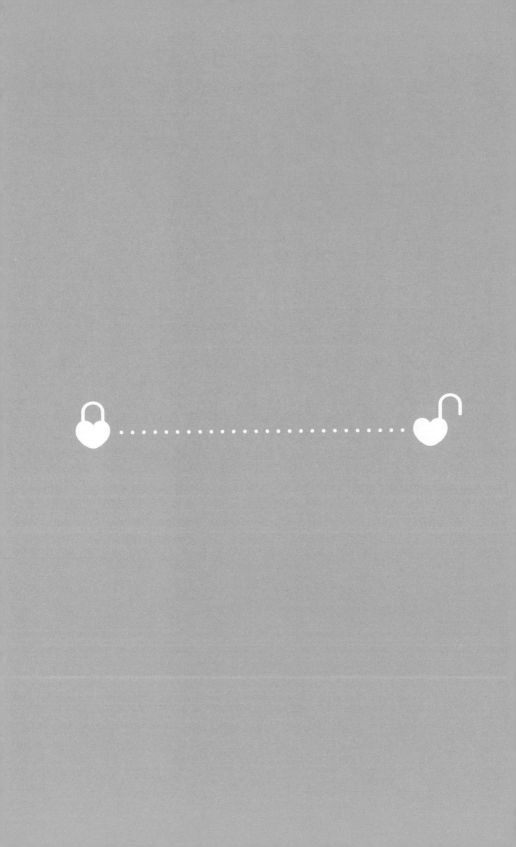

이혼 전 해야 할 진짜 공부

이혼의 고민을 심각하게 되는 경우, 가까운 지인 또는 친구와 먼저 하게 된. 배우자의 외도나, 도박, 심각한 도박이 아닌 경우 "그놈이 그놈이다. 그냥 참고 살아라"라는 말을 듣는 경우가 있다. 이혼을 생각하게 된 원인이 무엇인지, 그 이유때문에 당사자가 얼마나 고통스러운지는 무시된 이야기다. 무엇을 위해 참아야 하는지 물어보고 싶다. 이혼이 쉬운 가십거리가 아닌데 돌아오는 피드백은 참 기가 막히다. 이혼이라는 물음표를 던지는 사람은 충분히 참고 참았다. 그렇다면 무엇을 참았다는 것일까? 더는 함께할 수 없을 만큼 큰 시련은 무엇이었을까? 이혼상담 사례들을 보면 자신에 대한 주체성이 없다. '나'라는 자아는 상실되고 아내, 엄마, 며느리의 삶에서 지치고 곪아 터진 경우가 빈번하다.

결혼 전 여성, 남성이라는 성(性)보다는 사람으로 평가됐고, 사람으로 성과를 내어야 하는 삶을 살았다. 그 속에는 여성, 남성이라는 주체성은 그렇게 큰 비중을 가지지 않았을 것이다. 결혼과 함께 사람은 여성, 남성으로 의무가 생긴다. 특히 우리나라는 여성의 의무를 혹독하리만큼 주입시켜 놓았다.

결혼하면 아내가 된다. 엄마가 된다. 며느리가 된다. 그 역할 어느 하나 소홀할 수 없어진다. 여성의 삶이 사람인 나의 삶보다 더 높이 평가된다. 그런 삶에 순응적인 사람은 여성으로서 성공이다. 그러나 사람으로서 삶에 대한 욕구가 더 크다면 어떻게 해야 할까? 누군가는 '어떻게 자신의 욕심 때문에 아이에게 상처 주나?' '어떻게 자기 욕심 때문에 가정을 소홀히 하나?' '어떻게 자기 자신이 더 중요할 수 있나?' '나'의 행복이 우선인 사람들은 언제나 공격의 대상이 된다. 왜 나는 나를 제외시킨 주변의 환경에 희생을 해야 좋은 사람이 되는 것일까? 하는 의문이 생겼다. 결혼 전 아버지가 나에게 해주신 말씀이 떠올랐다. 남자는 여자의 자궁으로부터 나왔다. 여자는 자식 대하듯 남자를 품어주어야 한다. 아내로, 며느리로 살아가야 하는 마음자세를 말씀을 해주셨다. '남자의 입장에서 이런 여자가 좋더라'를 딸인 나에게 주입시키는 것이다.

나의 첫 결혼생활은 아내의 역할보다 며느리의 삶에 더 큰 비중을 두고 살았다. 13평 아파트에서 직장을 다니면서 병든 시아버지 모셨다. 병든 시아버지를 모시고 살면서 가장 신경 쓰이는 것은 식사다. 새벽에 일어나 아침, 점심거리를 준비해야 한다. 늦잠을 자 식사 준비를 해놓지 못하고 출근한 날은 종일 맘이 불편했다. 전화기 넘어 언짢아하시는 목소리가 죄송해서 더 일찍 일어났다. 남편이 빠진 시아버지와 나 둘만의 시간이 대부분이였다. 그러나 일말의 불만이 없었다. 늘 새벽에 귀가하는 남편을 원망한 적은 없었다. 혼자 식사 당번이 되어야 하는 것도 불만 없었다. 맏며느리가 아니었지만 그 역할을 하는 것도 불만 없었다.

착한 아내이고 며느리고 싶었나 보다. 주변 이웃들은 다들 나를 칭찬했다. 시댁 친척들도 칭찬이 잦았다. 누구나 책임질 수 없는 병든 노인을 모시고 사니 칭찬으로 마음의 빚을 대신했나 보다. 착한 며느리. 그 말이 더 나를 착한 며느리로 살게끔 했다. 넉넉하지 않은 살림이었지만, 불행을 느낀 적 없었다. 오히려 행복했다. 직장도 잘 다녔고, 착한 며느리 역할도 잘했다. 그러나 배움에 대한 갈증은 너무나 절실했다. 몇 년을 고민하다 대학원을 진학하기로 결심했다. 소식을 들으신 친정아버지는 첫 등록금을 보내 주셨다. 등록금 받고 너무 감사했다. 그날 집으로 왔을 때 그 돈의 주인이 내가 아님을 알게 됐다. 시아버지의 폐암 판정. 이미 오래된 지병에 폐암까지. 3개월의 시간을 선고받았다. 친정아버지가 주신 대학원 첫 대학원 등록금은 암에 걸린 시아버지 목숨 몇 개월 연장하기 위한 약값으로 소진했다. 착한 며느리. 누구도 나의 대학원 등록금이 약값으로 사용된 것에 나무라는 사람 없었다. 당연한 듯했다.

이 정도의 아내이자 며느리면 나는 복이 많아도 아주 많아야 하고, 아주 사랑받으며 잘살아야 하는 것 아닐까? 지금까지 언급한 삶 어디에도 '나'를 위한 삶은 없다. 내 맘에는 늘 '내가 너의 은인이야', '내가 네 아버지 모시잖아', '내가 너 살려준 거잖아', '내가 이만큼 손해보고 희생했으니 분명 나는 더 큰 복 받을 거야' 등등 무의식에는 희생정신에 대한 보상심리 기대가 아주 컸을 것이다. 숨어 있는 마음이었지만 함께하는 사람은 모든 것을 느낀다. 아마 어쩔 수 없이 죄인 아닌 죄인으로 살았을 수 있었을 것이다. 숨이 막혔을 수도 있다. 시아버지가 돌아가시고 2년 동안 각자 참아온 모든 감정들이 쏟아져 버렸다. 서로를 비난하고 서로를 원망하다 결국 힘겨운 이혼으로 모든 관계가 정리됐다. 이 이혼은 서로의 탓으로, 원망으로 끝났다. 그 원망은 아주 오래오래 지속됐다.

자기 희생의 대표를 꼽으라면 나는 '종부'라는 허울을 쓰고 살아가는 많은 여성이라 말하고 싶다. 얼마 전 내가 좋아하는 영화배우 마동석이 주연한 〈브라더〉라는 영화를 재밌게 봤다. 뻔한 스토리지만 눈물샘을 자극해 울게 만들어준다. 이 영화는 안동을 배경으로 만든 영화다. 안동은 아직 종택과 종손들이 있고, 지역의 불천위 제사가 많이 남아 있다. 전통이라는 이름 아래 가문의 종손, 종부들의 입장, 자식에게 물려줘야 하는 부모의 입장을 여러모로 생각해보게 하는 영화이다. 주인공의 어머니는 서울에서 안동으로 시집와 암으로 죽기 전까지 종부로 살았다. 종손인 아버지가 돌아가시고 아들 둘을 종부의 자리에 앉히려 하지만 쉽지 않은 상황이다. 이때 사촌 동생의 아내는 종부의 자리가 자신에게 돌아올까 늘 노심초사하는 장면이 나온다. 극심한 스트레스에 밤마다 남편이 망을 봐 주는 동안 담배를 피운다. 안동이라는 지역적 특성에서 볼 때 여자가 담배피는 것을 봐준다는 것은 상상하기 어렵다. 그만큼 '종부'가 주는 중압감을 설명하려는 것이다. '종부'라는 단어는 마치 집안의 노예라는 느낌을 준다. 죽은 조상님들 위한 삶을 살아내는 사람. 종부라는 이름으로 진정 행복한 삶을 자신의 삶을 산다고 자신 있게 말할 수 있을까? 당신이라면 당신의 딸이 종부로 살아가길 바랄까? 나는 아니라고 말한다. 누군가를 위한 삶을 살아야 하는 고달픈 인생이다. 부인하지 못한다. 그런 삶을 보상하듯 각종 매스컴은 종부의 삶을 대단한 듯 앞다투어 방송을 한다. 대단한 삶을 살아내고 있는 어머니라고 떠든다. 참 속상했다.

이렇듯 여자는 '사람' 개념보다 하위 개념인 '여성'일 때 아니 그보다 하위 개념인 '아내', '어머니', '며느리'의 역할이 훌륭해야 높은 평가를 받는다. 이러한 삶이 진정 행복할 수 있는가? 나를 위한 삶인가?

결혼 전 '나'에 대해 아는 사람은 대부분 없다고 생각한다. 스스로 나는 어떤 삶을 원하는지 무엇을 원하는지 전혀 통찰의 시간을 갖지 못했을 것이다. 강한 끌림이 생긴 그 순간 내가 원하고 좋으면 하는 것이다. 오류의 시작인 것이다. 내가 선택하는 삶의 평가를 내리지 못했다. '나'를 모르니 어떤 기준이 있어 평가가 되겠는가. 그저 사회적 동물로 살아가기 적합한 사람일 뿐이다. 그리고는 그 선택에 대한 책임감으로 참는 것이다. 아니 당연한 듯 살아가는 것이다. 나의 영혼이 썩어 가는 줄 모르고. 주변의 시선에 익숙해져 그래야만 한다는 자기 암시에 걸려 나를 잃어버리고 산다.

모든 선택은 신중해야 한다. 얼마 전 마트에서 1,000원짜리 주걱을 들고 고민했다. 같은 가격에 더 좋은 주걱을 살 수 있지 않을까? 저 주걱은 왜 1,500원이지? 겨우 1,000원짜리 물건을 들고 이것저것 따졌다. 나에게 어떤 주걱이 더 필요한지 필요 이상의 통찰을 했다. 이런 내가 결혼이라는 인생의 갈림길에서 진정한 통찰을 했던가? 진정한 나를 모르면 자신을 하위 개념으로 정의하고 살게 된다. 허무함에 빠지면 돌이킬 방법이 없다. 인내하고 참았는데 돌아온 대가는 그저 입바른 칭찬, 주변의 인정 그뿐이다. 그것이 당신의 행복조건인가?

당신이 여성이든 남성이든 중요한 것은 '나'라는 사람의 행복을 찾아야 한다는 것이다. 그러기 위해서는 '나'에 대한 통찰이 필요하다. 나는 누구인지 무엇을 원하는 사람인지 무엇을 위해 살기를 바라는지 명확한 통찰이 필요하다. 우리는 오랫동안 국가가 정해놓은 규범 안에서 국가가 존재하기 위한 이분법적인 테두리에 맞춰져 순한 양으로 교육됐다. 진정 나를 찾고, 나의 행복을 위한 욕망은 반사회적 인간으로 지탄받는다. 그러함에도 나의 진정한 행복을 위해 어려운 이혼을 결정했다면 손뼉을 치겠다. 진정 용기가 필요한 선택이기 때문이다. 이제라도 자신의 행복을 위해 나를 찾겠다는 사람들을 응원받아야 한다. 뒤늦은 후회가 아니라 그나마 다행인 선택이기 때문이다. 다만 이혼 전 명확한 자기 통찰이 이뤄져야 한다는 것이다.

이제 종이를 꺼내라. 그리고 적어 보라. 당신은 누구이며, 어디에서 왔으며, 무엇을 원하는 사람인지? 삶의 조건 중 무엇이 최우선인지. 그리고 선택하라. 무조건 참는 것이 방법이 아니듯 정확한 인생 회로를 내가 알고 준비한 후 당당한 제 2의 인생을 찾기를 바란다. 나처럼 아무런 통찰과 준비 없는 이혼은 하지 마라. 대가 없는 상처만 간직한 이혼은 제 2의 인생의 기회가 아니라 또 다른 불행으로 옮겨가는 것일 뿐임을 알려 주고 싶다.

나는 혼자 버틸 힘이 있는가?

'신데렐라는 왕자님과 결혼을 하고 오래오래 행복하게 살았습니다.' '백설 공주도 왕자님과 오래오래 행복하게 살았습니다.' 어린 시절 읽었던 동화에서는 결혼을 해야 해피엔딩이었다.

일곱 살 나는 '인어공주'를 보고 대성통곡을 했다. 인어공주와 왕자는 결혼을 하지 않았기 때문이다. 동화 속은 '결혼은 행복이다'로 공식화됐다. 결혼하는 것이 최초의 내 꿈이었다. 멋진 왕자님과 결혼하는 것. 공주들이 나오는 애니메이션은 시간을 확인해 가며 꼭 시청했다. 공주님이 왕자님과 사랑을 하고 결혼을 하는 모습을 보면 너무 황홀하고 행복했다.

초등학생이 되면서 '결혼은 행복이다'라는 공식이 깨어졌다.

내가 살던 산동네는 패고 맞고 싸움이 매일 목격되는 곳이었다. 그중 가장 유명한 '옥이 아저씨네'가 있었다. 그 집 딸이 옥이었다. 옥이 아저씨, 아주머니가 마당에서 악을 쓰며 싸우는 날은 동네 친구들과 구경도 갔다. 옥이 언니는 엄마와 아빠가 싸우면 옆에서 욕하고 도망갔다. 어쩌다 아저씨에게 잡혀 두들겨 맞아도 다음날 씩씩하게 돌아다녔다. 그렇게 매 맞고 싸우는 가정이 많았다. 남의 집 싸움이 익숙했다. 아버지는 그래도 된다는 사회적 분위기 때문이었다.

우리 집은 그런 일이 없었다. 엄마가 화가 나서 때릴라치면 아버지가 작은방으로 우리를 데리고 들어가 혼내는 연기를 했었다. 산동네 살았지만 나와 동생이 지나가면 '있는 집 애들', '부잣집 애들'이라고 했다. 나의 기억에도 나는 부자라고 생각했던 것 같다. 무식하지 않은 부모님이었다. 행복하다고 생각했다.

내가 기억하는 첫 부모님의 큰 싸움은 정확히 몇 살이지 모르지만 그 장면은 너무 뚜렷하다. 안방에서 부모님이 싸우는 소리가 새어 나왔다. 보통 투탁투탁거리는 부부싸움이 아니었다. 방문 사이로 훔쳐보았다. 엄마는 발악하고, 아빠도 윽박질렀다. 한 대 맞은 엄마는 기절했다. 아빠가 엄마를 죽였다고 생각했다. 부모님이 싸우는 모습은 너무나 공포스러웠다. 그날 이후 그런 싸움이 잦았던 것 같다. 엄마가 사라질까 늘 노심초사했다. 학교 다녀오면 엄마가 있는지 확인을 했다. 엄마가 집을 나간 그 날도 아빠와 심하게 다투었다. 나는 문밖을 지켰다. 방문을 열고 나오는 엄마 다리를 붙잡고 나는 매달렸다. 가지말라고 울고불고 매달렸다. 작은방에서 엄마는 아무 데도 가지 않는다며 꼭 안고 잠을 재워주었다. 다음날 곁에 엄마는 없었다. 세상에서 가장 슬픈 날이었다. 지금도 가장 슬픈 날은 엄마가 가버린 그 날이다. 사랑하는 사람에게 버려진 날.

그날 이후로 나는 슬픈 사람이 됐다. 문밖에서 매일 울고 있었다. 그런 나를 보면 아빠는 더욱 화를 냈다. 동네 아주머니도 지나가면서 애가 청승스럽다고 한마디씩 했다. 철없이 잘 노는 동생도 미웠다. 외갓집에 가서 엄마를 찾아도 "조씨 딸이 왜 왔어, 네 아비한테 가라"며 할머니는 문전박대했다. 엄마는 단순히 홧김에 집을 나간 것이 아니라 이혼을 합의하고 엄마가 떠난 것이었다. 아빠는 어린 남매를 앉혀놓고 엄마를 비난했다. 엄마 욕하지 말라며 고래고래 난 소리를 질렀다. 그때부터 내 맘에는 아빠에 대한 미움이 시작됐다.

한 달에 한 번 정도 엄마를 만날 수 있게 됐다. 오랜만에 만난 엄마와 짜장면집에 갔다. 엄마는 매운 짬뽕을 시켰는데 잘 먹지 못했다. 그 모습이 내 가슴에 맺혀 있다. 너무 말라버린 엄마를 보는 날이면 심장이 너무 아팠다. '엄마는 돈도 없을 텐데'라는 걱정을 했다. 장녀이기 때문일까? 내가 엄마를 보호해줄 수 없다는 것이 너무 속상했다. 그렇게 엄마를 만나고 돌아오면 일주일을 울었다. 눈물이 나지 않으면 엄마가 떠났던 그 밤을 생각하며 눈물을 짜냈다. 그렇게 슬픔에 익숙해져 버렸다. 내 남동생은 그런 내가 이상해 보였던 것 같다. "누나야 아직도 우나. 바보가?" 초등학생인 나는 세상 슬픔 다 품은 것 같았다.

　엄마는 그렇게 약한 사람이 아니었다. 이혼 후 엄마의 생활은 알 수 없었지만, 엄마를 볼 때마다 기운 없이 맥 빠진 모습은 사라지고 엄마가 씩씩하다는 느낌을 받았다. 아빠는 재혼했고 새엄마가 들어왔다. 새엄마는 우리가 엄마를 만나는 날 예민하게 굴다가 결국 엄마를 못 만나게 했다.

　늦은 밤 엄마가 술에 잔뜩 취해 집에 쳐들어왔다. "내 새끼 보고 싶어 왔다. 왜 못 만나게 해!"라며 난리를 쳤다. 그날 엄마를 안고 잠을 잘 수 있었고, 엄마는 또 새벽에 가버렸다. 하지만 슬프지 않았다. 그날 이후 2주마다 1박 2일 공식적으로 주말을 엄마와 보낼 수 있었기 때문이다. 엄마가 처음으로 든든하게 느껴진 날이다. 여자였던 엄마는 너무 서글프고 마음 아픈 모습이지만 나의 엄마는 힘있고 강했다. 엄마는 화장품 가게를 열었다. 밑천 없는 엄마에게 큰집에서 돈을 빌려주었다고 했다. 엄마가 나쁜 사람이었다면 큰아버지가 도와줄 리가 없었다. 나는 아빠가 어린 남매에게 엄마 흉을 봤던 날을 떠올리며 비겁하다는 생각을 했다. 어른들 세계는 어려서 이해를 못하는 우리에게 미안하다고 했다면 나는 그렇게 아빠를 미워하게 되지는 않았을 것이다.

　엄마의 화장품 가게는 너무 늘 바빴다. 가게는 미군 부대 앞에 있었다. 그 동네는 업소 아가씨들이 많이 사는 동네인 덕분에 장사가 잘 됐다. 엄마가 돈을 잘 벌고 늘 이쁘게 꾸미고 있으니 너무 기분이 좋았다. 엄마 때문에 어깨에 힘이 들어갔다. 매일 엄마 가게에 놀러갔다. 몇 년 동안 가득했던 슬픔이 홀로서기에 성공한 멋진 엄마를 보며 보상받는 기분이었다. 그러면서 여자는 강해야 한다는 생각을 하게 됐다. 엄마는 돈을 잘 벌었다. 재혼한 새엄마는 아빠 몰래 돈을 빼돌리다 발각돼 이혼했다. 몇 년을 엄마 가게를 왕래하며 지내다가 두 분은 6년 만에 재결합하셨다.

강한 엄마를 만난 것은 나에게는 행운이었다. 같은 동네 살았던 내 친구의 엄마는 늘 아버지에게 매 맞다가 집을 나갔다. 그 친구와 함께 울던 날도 있었다. 어린 시절부터 그림 그리기를 좋아했던 나는 친구에게 "오늘 엄마 얼굴 그리면서 울래?", "울어도 되는 거야?", "응. 우리는 슬프니까 울자. 엄마 얼굴 그리면 잘 울어져." 나도 참 울려고 엄마 얼굴 그리기를 하자고 하다니 웃긴 아이였다. 친구와 나는 가끔 그렇게 펑펑 우는 놀이를 했다. 그러다 엄마를 만나면서 더는 그런 놀이를 하지 않았다. 친구에게 엄마랑 만났던 것, 엄마가 사준 아이스크림을 자랑했다. "너는 엄마 언제 만나?", "엄마 어디 있는지 모르는데?", "엄마가 전화 안 해?" 그 친구는 아무 말 하지 못했다. 힘없이 매 맞다 집 나가버린 엄마는 자신을 거두기도 힘들었을 것이다. 자신 살기 위해 도망치듯 집 나간 엄마다. 자식까지 챙길 수 없을 수 있다는 것을 훗날 이해할 수 있었다. 지금 생각하면 그 친구는 나로 인해 한 번 더 큰 상처를 받았을 것 같다.

　드라마에서 여자들이 "아이고 내 팔자야"라며 신세 한탄하는 모습을 많이 보았다. 나는 엄마의 신세 한탄하는 모습을 본 적이 없다. 기억에 없는 것인지도 모르지만 나에게 엄마는 엄마의 인생을 능동적으로 살아낸 사람이다. 자신의 행복을 찾았지만, 자식을 사랑하지 않은 것은 아니었다. 처음 나는 버림받았다고 생각했지만 그럴 수밖에 없는 상황이었다. 이후 엄마는 당당히 홀로서기에 성공했고 큰소리치면서 우리를 만났다. 그 친구의 엄마처럼 사는 것이 힘겨워 나를 만날 수 없고, 초라한 모습을 보일 수 없어 숨어서 지냈다면 지금의 나는 없었을 것이다.

　이혼을 고민하는 많은 부모들은 혼자 버틸 힘을 가져야 한다. 힘들고 아프지만, 아이들에게 상처를 주어서 미안하겠지만 용기를 내야 한다. 당신의 인생을 찾고 당신이 당당해져야 한다. 그렇게 당신이 힘이 생기면 아이들은 더는 이혼한 가정의 불행한 영혼이 아니다. 오히려 당당함을 배우고 씩씩한 독립적인 사람이 될 수 있다.

　부모가 이혼해서 내가 이혼을 했다고 생각하는 사람들도 있다. 하지만 나는 부모의 이혼이 있었기 때문에, 죽기를 작정했을지언정 이혼은 못 하겠다고 버티고 버틴 것이다. 엄마도 힘든 이혼의 경험이 있었기 때문에 딸이 잘살길 바랐을 것이다. 인연이 딱 거기까지만인 사람들은 어쩔 수 없다. 이혼 후 마구 무너져 버리는 딸을 엄마는 속상하게 바라보지 않았다. 엄마는 뜻대로 되지 않는 것에 대한 미련은 빨리 털어버리는 능력이 있었다. 나를 일으켜 세웠다. 운전면허를 그때 얻었다. 작은 중고차도 그때 샀다. 이때 그렇게 미움의 대상이었던 아빠도 나를 응원해주었다. 나의 부모님은 나의 이혼을 나무라지 않았다. 어차피 그렇게 될 인연이었다고 나를 다독였다. 힘든 시간을 먼저 겪어보았기에 홀로서기에 힘을 주었다. 그렇게 나는 힘을 받고 일어날 수 있었다.

결혼하는 이유는 무엇인가? 많은 이유가 있겠지만 나는 '행복하기 위해서'라고 생각한다. 행복한 결혼생활을 할 수 있음은 최고의 행운이다. 만약 당신의 결혼생활이 불행하다면 당신의 행복이 불행한 결혼생활보다 소중하다는 것을 깨닫기 바란다. 그리고 혼자 버틸 수 있다는 자신감을 잃지 않기를 바란다. 당신이 혼자 버틸 수 있다면 걱정하는 모든 일은 걱정이 아님을 알게 될 것이다. 당신이 멋지게 살아낼 힘이 있다. 이 글을 쓰는 이 순간 나는 나의 어머니께 진심으로 감사함을 느낀다.

자존심이 아닌 자존감 회복하기

이혼 후 나는 동갑의 공무원인 노총각 남자를 만나 연애했다. 상처를 치유한다는 것은 생각을 전혀 하지 못했다. 그렇게 상처를 끌어안고 내 마음에 장애가 있다는 것을 인지하지 못한 것이다. 결혼이야기가 나왔을 때 기쁘고 감사하기보다는 쉽게 수락한다는 것이 자존심 상한다고 생각했다. 연애 당시 티격태격 다툼이 좀 있었고 성격이 맞지 않은 점도 있었지만 내게 결혼 상대자로서는 나쁘지 않은 조건이었다.

남자는 많은 고민을 했다. 그리고 한 달가량 연락이 끊겼다. 나는 애타게 찾지도 연락을 하지도 않았다. 당연히 결혼이 부담스러울 수 있기때문에 자연스러운 이별로 받아들였다. 이혼도 겪었는데 이런 연애는 별스럽지도 않았다. 너무 잘 지냈고 여기저기서 소개도 많이 받았다. 어느 날 술에 만취된 남자가 전화를 했다. 아주 무거운 목소리로 안부를 전했다. 나는 너무나 밝게 잘 지내고 있으니 앞으로 연락을 원치 않는다고 했다. 남자는 목소리가 다급해지더니 당장 만나서 이야기를 하자고 했다. 아니 만나는 사람 있으니 만날 이유 없다고 전화를 끊었다. 남자가 너무 괘씸했다. 나에게 양해도 구하지 않고 독단적이고 불쾌하게 잠적했다. 나는 일말의 미련도 없었다. 이후 남자는 최선의 노력을 다해 구애했다. 나는 더 나의 자존심을 세우기 위해 혀에 독을 품고 많은 말로 상처를 주었다.

남자는 이혼녀인 나를 자신의 집에 알렸다가 아버지와 관계가 힘들어졌다고 했다. 혼자 끙끙 고민을 했다고 했다. 헤어져도 상관없을 수 있는지 아니면 잡아야 하는지 혼자서 결정을 했다는 말에 한 번 더 나는 자존심이 상했다. 혼자 고민을 하는 동안 내가 기다려 줄 것이라 생각했다고 한다. 내가 자신을 붙잡을 것이란 생각에 연락을 끊고 고민을 했다는 것이다. 정말 어처구니없었다. 자신을 '갑', 나는 '을'이란 생각을 하는구나 싶었다. 이혼녀라는 것이 약점이라고 생각하는 것이 너무 불쾌해서 나는 "너의 직업부터 모든 것이 마음에 들지 않는다. 돈도 없는 공무원 나는 싫다. 두 번째는 돈 많은 사람한테 가야 하지 않겠어?"라며 최대한 자존심을 상하게 하려고 노력했다. 그것이 나의 자존심 회복이라고 생각했다. 남자의 심리는 참 이상한 것 같다. 자신을 좋다고 달라붙으면 도망가고, 싫다고 하면 최선을 다해 정복하려는 그 마음. 자신이 힘들었던 그 시간을 나와 함께 고민하고 방법을 찾았다면 나의 마음에 그렇게 미움이 싹트지 않았을 것이다. 나를 배려하는 마음이 없다고 느낀 그 날 이후로 나는 자존심이 조금씩 상하고 있었다. 행복할 수 있었던 기회는 모두 사라지도 두 사람의 자존심 싸움으로 이루어진 불행이 예고된 결혼이었다.

남편이 된 남자는 내가 좀 더 따뜻하게 좀 더 친절한 부인이 되어주길 강조했다. 그럴 때마다 나는 "그런 여자와 결혼을 하지 왜 나에게 요구해? 지금이라도 좋은 여자 찾아봐!"라고 쏘아붙이면서 상처난 나의 자존심을 위로해주었다. 난 흥분하면 사투리에 억양도 거세진다. 그럴 땐 남편은 "아나운서들 보면서 말투 연습을 좀 해라"라고 말한다. 그 말이 너무나 거슬리고 싫었다. "아나운서와 결혼하지 왜 나랑 한 건데? 내가 결혼하자고 한 것도 아닌데 자꾸 요구하지 마!"라고 대꾸했다. 소통이 불가능한 지경인 것이다. 전 남편에게 상처받고 낮아진 자존감을 자존심으로 버티고 살았던 나는 한 달의 연락두절이 완전히 회복 불가능한 상처라고 확정지어 버린 것이다.

직원들 가족모임에 가면 부인들은 노처녀인줄 알았던 내게 결혼을 왜 했냐고 물어본다. 나는 시큰둥하게 "남편이 하자고 했고 피할 수 없어서 했어요"라고 대답했다. 나의 마음은 "난 가진 것 없는 이혼녀지만 너 정도 스펙이 고맙지는 않아!"를 외치고 있었다. 나의 자존심을 키우고 먹이는 나만의 방식이었다.

자존심이 강해졌던 나는 자존감이라 착각했다. 나를 사랑하기 때문에 나를 있는 그대로 인정해주지 않는 것을 받아들일 수 없었다. 오롯이 나라는 사람은 있는 그대로 인정해주는 것이 사랑이라 생각했다. 나라는 사람이 완벽하지 않으며 소프트웨어는 항상 업데이트가 필요하다는 것을 인식하지 못한 오류였다. 자기계발이라는 것이 이력서 한 줄 더 쓸 스펙 모으기라고 생각했다. 책도 영업을 잘하기 위한 책만 읽었다. 나에게 어떤 문제가 있었는지 알지 못한 채 외부의 조언들을 공격이라 생각하고 방어하기에 급급했던 것이다.

자존심과 자존감은 '자신을 존중하는 마음'이라는 의미는 동일하다. 하지만 자존심은 타인으로부터 자신의 권위, 가치, 품위, 체면 등을 지키려는 마음이다. 남에게 업신여김을 당하지 않으려는 마음이 강하다. 그렇기에 상사의 잔소리에 마음이 몹시 상한다. 친구들의 핀잔에 억울하거나 성이 나는 마음이 생긴다. 자존감은 자신을 스스로 사랑하고 존중하는 마음이다. 나는 스스로 자신을 사랑한다는 것은 남들과는 아무런 상관없이 평소 스스로 자신을 존중하며 자신의 가치를 높게 인정하는 마음인 것이다.

간디의 유명한 일화 중 영국에서 대학을 다니던 시절 이야기다. 자신에게 고개를 절대 숙이지 않는 식민지 출신 젊은 학생을 아니꼽게 여기던 피터스라는 교수가 있었다. 하루는 간디가 대학 식당에서 점심을 먹고 있는 피터스 교수 옆으로 다가가 앉았다. "이보게, 자네! 아직 잘 모르는 모양인데 돼지와 새가 함께 앉아 식사하는 경우란 없다네", 이에 간디는 말했다. "아, 걱정하지 마세요. 교수님. 제가 다른 곳으로 날아가겠습니다." 복수심이 오른 교수는 다음번 시험에서 간디에게 불이익을 주려 했으나, 간디는 만점에 가까운 점수를 받았다. 교수는 분을 삭이며 간디에게 다음과 같은 질문을 던졌다.

"길을 걷고 있다가 두 개의 자루를 발견했다네. 한 자루는 돈이 가득 들어있고, 다른 자루는 지혜가 가득 들어있네. 둘 중 하나만 차지할 수 있다면, 자넨 어떤 쪽을 택하겠는가?" "돈 자루를 선택하겠습니다." 교수가 비아냥거리며 말했다. "쯧쯧. 나라면 지혜를 택했을 거네." 간디는 아무렇지 않다는 듯 대답했다. "각자 자신이 부족한 것을 택하는 것 아니겠어요?" 히스테리 상태에 빠진 교수가 간디의 답안지에 신경질적으로 '멍청이'라 적은 후 그에게 돌려줬다. 채점지를 받은 간디가 교수에게 말했다. "교수님, 제 시험지에 점수는 안 적혀 있고 교수님 서명만 적혀 있습니다." 이 일화는 참 오래도록 기억되는 일화이다. 많은 사람이 교수님의 반응에 자존감이 낮아질 것이다. 식민지 학생이기에 더욱 위축될 수밖에 없었을 것이다. 그러나 간디는 자존심이 상하거나 스스로 낮게 생각하지 않았다. 피터스 교수가 아무리 짓밟으려 해도 내 것으로 받아들이지 않고 흔들림이 없었다. 진정 나의 가치를 믿고 나의 가치를 존중할 때 진정한 지혜가 발휘되는 것이다.

자존감도 지나치게 되면 다른 사람보다 자신을 더 평가하는 경우가 생긴다. 오만해지며 특권을 받을 자격이 있다고 생각한다. 남들보다 우월함을 느끼게 되는 것이다. 반대로 자존감이 너무 낮으면 자시의 장점보다 약점이나 결함에 집착되어 남들보다 능력이 떨어진다고 생각한다. 타인들의 평가에 모든 감정이 좌지우지된다. 주위에서 아무리 칭찬과 격려를 해도 믿지 않게 된다. 실패의 두려움이 크기 때문에 성공을 꿈꾸기란 힘든 것이다. 균형 잡힌 자존감을 형성하기 위해 자신을 좋게 평가를 하면서 자신의 부족함도 인정할 수 있어야 한다.

이혼 이후 가장 힘들어하는 것이 낮아진 자존감으로 우울함에 빠지는 것이다. 이를 회복하기 위해 우선 자신을 용서해야 한다. 이혼을 자신의 탓이나 이혼 자체를 죄라고 여기는 사람들은 실패라고 여기며 이를 극복하는 것에 어려움을 느낀다. 자유란 실수와 실패가 있기에 진정한 가치가 있는 것이다. 우린 실수와 실패할 권리가 있는 것이다. 자신을 용서하고 같은 실수와 실패를 하지 않기 위한 공부와 치유의 시간은 꼭 가져야 한다. 이혼을 인생의 실패라고 비관해서는 안 된다. 자신의 삶 전체를 비관적으로 생각해서는 안 되는 마음이다.

'내 팔자가 그렇지'라며 비관적인 마음을 가지게 된다면 앞으로 실수와 실패는 연속으로 당신을 찾아온다. 옛말에 '새옹지마'라고 했다. 복이 화가 되기도 하고 화가 복이 되기도 한다. 지금 눈앞에 벌어진 결과만을 가지고 연연할 필요는 없는 것이다. 긍정적인 마음으로 다음에 다가올 행운에 대한 희망을 가져야 한다. 그리고 끝없이 자신을 격려하고 칭찬하며 믿음을 가져야 한다. 커다란 우주 만물 중 당신을 오직 유일한 존재이다. 이혼은 인식할 수 없을 만큼 너무나 많은 일 중 아주 작은 일 하나일 뿐이다. 살아갈 남은 날의 이벤트 중 하나일뿐이다. 어떤 미련도 남기지 않고 포기한다면 그 아픔은 더 빨리 치유될 것이다.

나에게는 치유의 시간이 없었다. 바닥나버린 자존감을 위한 공부가 없었다. 구멍 난 자존감을 메꾸기 위해 나는 필사적으로 자존심을 내세우고 분노의 마음을 품고 살았다. 그 분노는 나를 해치는 무서운 화살이 됐다. 지혜롭지 못해 두 번의 상처를 가져야 했지만 지금은 진정 나를 돌아보고 나라는 존재 자체를 인정하니 억울함이 사라져 버렸다. 너무나 신기한 일이다. 외부의 지적이 두려워했던 나는 착한 사람 콤플렉스도 가지고 있었다. 마음이 자유롭지 않으며 늘 갈등을 겪어야 했다. 싸움닭이었던 내게 싸워야 할 대상이 없어졌다. 공부하고 책을 쓰면서 나를 돌아보며 진정한 치유의 시간을 가졌다. 이제는 나를 위해 사는 법을 익히며 삶이 더 자유로워진다. 내가 나를 인정하고 사랑하면 타인들도 나를 존중하고 사랑하고 존중하게 되는 것이다.

의존을 위한 재혼은 재앙이다

　이혼 후 남자 혼자서 생활을 하면 홀아비 냄새가 난다고 한다. 이를 해결하기 위해 주변에서는 재혼을 적극적으로 권한다. 아이까지 키우고 있다면 더 재혼을 밀어붙인다. 억지스러운 만남까지 주선하는 경우도 많이 보았다. 아내가 있어야 살림을 제대로 꾸릴 것이며 남자와 아이들이 제대로 살아갈 수 있다고 생각하는 것이다.

　이혼한 아내들이 아등바등 살고 있다면 좋은 남자와 편하게 살기를 주변에서 권유한다. 여자들은 직업이 전문직이 아니고서는 수입이 남자보다 낮다. 배우자가 양육비를 꼬박꼬박 준다고 보장할 수도 없다. 양육비를 지속적으로 잘 받고 있는 경우보다 포기한 경우가 더 많다는 이야기를 듣는다. 양육하고, 생활하기 위한 돈은 부담스러울 만큼 많이 필요하다. 경제적 문제이던, 육아가 문제이던 나의 상황 때문에 재혼을 서두르는 경우가 많이 생긴다.

자신은 재혼의 의사가 전혀 없었지만 아이의 아빠가 필요해서 재혼했다는 경우도 적지 않다.

지인의 여동생이 남편에게 불만이 가득했다. 집안일을 도와주지도 않으며, 육아도 혼자서 한다고 했다. 주말에는 늘 소파에 누워서 하루를 보낸다고 했다. 그런 남편이 너무나 미웠고 이혼하고 싶다는 마음이 커졌다고 했다. 부부 사이에는 골이 깊어져 있었고 아내가 서류만 준비하면 당장이라도 이혼이 성사될 것 같았다. 아내는 육아도 본인이 할 것이고 이혼 후 양육비조차 받을 마음 없다고 했다. 남편이 주는 생활비도 너무나 부족해서 아쉬울 것 하나 없다고 큰소리쳤다. 그녀는 한 번도 일을 해본 적 없었다. 나와 나의 지인은 "남편이 없다고 생각하고 차리는 밥상에 숟가락 더 얹으면 안 되겠어?"라고 물었다. "아니요, 꼴도 보기 싫어요. 같은 공간에 있다는 게 싫어요"라고 답했다. 큰애는 5살, 둘째는 3살인 그녀가 지금의 남편에 대한 원망의 감정이 너무나 커 이성이 마비된 듯 했다. 누가 봐도 후회할 이혼 결정을 서두르는 것 같았다.

"애들 둘 데리고 살 방법은 생각해 봤어?"

"애들은 엄마가 봐 주면 되고 나는 일하면 되죠."

기가 막혔다. "엄마는 무슨 죄로 힘든 육아를 다시 하셔야 해"라고 지인이 언성을 높였다. 그녀는 "안 되면 돈 많은 남자 만나서 재혼하면 되는 거지"라고 반박했다. 이혼 후 현재의 남편보다 더 조건이 좋은 배우자를 만나기는 너무나 어려운 일이라고 생각한다. 자신의 기준에 적합하다고 느낄만한 남자는 모두 임자가 있음을 모르는 사람들이 의외로 많이 있다.

두 사람은 합의 이혼을 했다. 신중하지 못했고 감정이 너무 앞섰던 이혼이었다. 이런 경우 이혼을 많이 후회한다. 내가 익숙하게 살았던 결혼생활이 얼마나 안정적이었는지 뒤늦게 알게 되는 것이다. 여자 혼자 아이 둘을 키우는 것은 너무 어려운 일이다. 결국, 누군가의 도움이 필요하게 되는 것이다. 다행히 부모님이 젊으시다면 도움을 받을 수 있지만 그렇지 못한 경우 재혼을 서두를 수밖에 없다. 아이를 데리고 재혼을 한 결혼생활은 마음이 편하지 않다. 나의 아이와 배우자의 아이를 동시에 양육한다는 것 또한 쉬운 일이 아니다.

가진 것 없이도 억척스럽게 아이를 키우며 잘살아내는 사람들도 많다. 그러나 육아를 하면서 힘이 들면 경제적인 의존을 기대할 수밖에 없다. 누군가 밖에서 일할 수 있어야 하고 누군가는 육아를 담당해야 한다. 서로가 원하는 것이 합치되면 또 다른 결혼생활이 된다.

고등학교 3학년 여학생이 나와 우연히 나눈 이야기다. 강아지와 산책을 하다가 놀이터에서 쉬고 있을 때 안면이 있는 여학생이 강아지가 귀엽다며 내가 있는 자리로 왔다. 처음엔 강아지 이야기를 했다. "강아지는 참 좋겠어요." "그렇지. 개 팔자가 상팔자야"라며 나는 농담을 건네었다. 그 학생은 집에 들어가는 것이 미안하다고 했다. 뜬금없이 던진 말이라 놀랐다. "왜?", "엄마가 재혼해서 새 아빠랑 사는데 제가 공부를 못해서 너무 미안해서요", "새 아빠랑 사는 거랑 공부 못하는 거랑 무슨 상관이야?", "데리고 온 딸이 공부라도 잘하면 예쁘게 보실 텐데 공부를 못하니 밥만 축내는 기분이 들어서요." 참 속상한 말이었다. "엄마가 새 아빠 눈치를 많이 보세요." 나 역시 새엄마와 지낸 경험이 있기 때문에 그 불편함의 일부분은 알 것 같았다. 학생의 어머니는 새아버지의 눈치를 보느라 자신을 부담스러워한다고 했다. 어떤 날은 친아버지에게 갔으면 좋겠다는 말도 했다고 했다. 그래서 고민 중이라고 했다. "힘들겠지만 1년만 참았다가 독립하면 어때?"라고 말했다. 그 말밖에 해줄 말이 없었다. 만약 나에게 아이가 있다면 나는 어떻게 했을까 하는 생각을 해보았다. 재혼한 학생의 어머니를 탓할수는 없는 것이다.

나의 아버지는 재혼의 이유를 나와 남동생 때문이라고 하셨다. 두 분이 어떻게 만났는지는 모른다. 어느 날 새어머니라고 오신 것이다. 갑자기 엄마가 사라졌고 갑자기 새어머니가 생겼다. 어른들이 배우자와 결별하고 새로 만나는 것이지만 나는 매우 혼란스러웠다. 아기도 아니며 세 명이 사는데 '왜 새어머니가 필요할까?'라는 생각을 많이 했다.

그렇게 네 사람의 불편한 동거가 시작됐다. 중학생이 된 나는 남동생과 다르게 새어머니와의 관계가 좁혀지지 않았다. 동생과

차별하는 새어머니가 싫었다. 나의 엄마는 언제나 내가 우선이었고 무엇이든 다 내어주셨는데 새어머니는 나에게 많은 것을 아꼈다. 나는 반항을 시작했고 서로 반감이 높아졌다. 나로 인해 아버지와 새어머니는 다툼이 늘어났고 결국 이혼을 했다고 생각했다. 새어머니는 아버지의 돈에 관심이 있어 접근했고 아버지의 돈을 많이 가져가셨다는 이야기를 들은 기억이 있다. 각자의 목적이 있는 결혼은 결코 완성될 수는 없다. 차라리 아버지가 재혼하지 않으셨다면 어땠을지 너무 궁금하다.

이혼을 상담할 때 부부관계를 하는가를 꼭 질문했다. 큰 불만 없이 부부관계를 해왔던 부부들은 이혼 후 외로움이 더 커질 수밖에 없으며, 재혼도 빠르게 선택을 한다. 한 상담자는 남편의 외도로 이혼을 선택했다. 2년가량 아이를 키우며 직장생활을 했다. 너무 외롭기도 하고 주변의 도움이 없어 경제적으로 넉넉하지 않아 안정적인 생활을 원하게 됐다. 그리고 주변의 권유에 못 이기는 척 재혼을 했다. 결혼을 선택한 남자에 대한 믿음이 클 수밖에 없다. 누구나 서로 익숙해지면 행복 뒤 인내의 시간과 갈등의 시간이 찾아온다. 재혼한 남편이 술을 마시고 늦은 귀가가 많아지기 시작했다. 중요한 모임이라 어쩔 수 없다고는 했지만 아내는 전남편의 외도가 떠오르게 됐다.

옷에서 여자 향수 냄새가 나는 것 아닌지 냄새를 맡았고, 통화하는 모습만 봐도 상상을 하게 됐다고 했다. 혹시라도 전화기를 들고 밖으로 나가면 온 신경이 남편의 뒤통수에 고정됐다고 했다. 여직원의 통화에도 이상한 상상을 하게 되었고 옆집 이웃여자에게 웃는 모습만 보아도 화가 나기 시작했다고 했다. 의심이 깊어지면서 혼자서 확신을 하게 되었다고 했다. 남편의 모든 행동이 자신이 확신한 상황들에 맞아 들어갔다고 했다. 남편에 대한 신뢰가 모두 사라졌다고 했다. 다시 갈등이 생기게 되었고 결혼생활이 평탄할 수 없었다. 결국 그 부부는 이혼이라는 극단적 선택을 할 수밖에 없게 됐다.

이혼 후 자신의 상처를 돌아보고 충분히 치유해야만 한다. 당장 생활의 불편함 때문에 치유의 시간 없이 재혼을 결정한다면 이혼 전 가졌던 감정들이 그대로 전이가 되는 경우가 너무나 많다. 나 역시 재혼한 배우자를 원망의 대상으로 보게 된 것도 치유의 시간이 없었기 때문이다.

재혼은 첫 결혼보다 더욱더 신중해야 한다. 이혼보다 더 많은 고민을 해야 한다. 많은 재혼 가정의 불화와 이혼율이 높다는 이야기는 누구나 아는 사실이다. 혼자서 길고 긴 인생을 헤쳐나가는 것이 쉽지 않음을 안다. 사랑이라는 감정에 빠져서 하는 첫 결혼보다 재혼은 많은 이윤을 따지는 경우가 많다. 그러므로 어떤 조건이 하나라도 충족이 되지 않을 경우 '이럴 바에 재혼하지 말 것을, 차라리 혼자였을 때가 더 좋았어'라는 생각이 쉽게 든다. '한번 겪은 이혼 두 번은 못 하겠어'라는 마음이 생길 수밖에 없는 것이다. 처음 잘못 고른 나의 안목이 더 좋은 배우자를 찾을 수 없음을 알지 못하는 것이다. 함께 살았던 그때의 그리움이 남아 있고 더 큰 기대감 때문에 재혼은 초혼보다 실패할 확률은 높을 수밖에 없다.

나의 배우자는 '두 번 이혼하지 않기 위해 더 노력하겠지'라는 얕잡아 보는 마음을 가졌듯 모든 재혼하는 사람들은 자신의 헌신보다 배우자의 헌신을 기대한다. 두 사람 모두 이런 마음을 가지고 시작하는 재혼이 된다면 재혼은 절대 권하고 싶지 않다. 재혼도 첫 결혼과 마찬가지로 서로를 먼저 잘 알아야 한다. 재혼 전 함께 생활해야 하는 아이들과 충분히 친분을 나누어야 한다.

결혼 전 싱글과 이혼 후 싱글은 다르다

결혼생활 동안 남편이 벌어다 준 돈을 한번도 받아본 적 없는 분이 계셨다. 남편은 젊은 시절 조직폭력배의 일원이었다. 50세 전까지 폭력조직 생활을 했다고 한다. 이후 지병이 생겨 어떤 사회생활도 하지 않았다. 부인의 가게 일에는 관심도 없었다. 비슷한 일을 했던 사람들과 모여 종일 먹고 마시며 아내의 벌이에 기생하며 살았다. 생계유지를 위한 돈벌이는 오직 아내의 몫이었다. 새벽부터 밤늦게까지 식당일을 하며 세 자녀를 키웠다.

이혼은 꿈도 꿀 수 없었다고 했다. 남편의 그늘에서 벗어나지도 못하고 어린 나이부터 칠십이 되는 나이까지 마음고생, 몸 고생을 했다고 했다. 그런 남편이 죽고 아내는 심각한 우울증에 빠졌다. 한 달을 먹지도 못하고 울고만 지냈다. "그렇게 미운 사람이 죽었는데 뭐가 그렇게 슬프세요? 나 같음 속 시원하겠다. 맘껏

여행도 다니고 하고 싶은 것 하시면서 살면 되잖아요"라고 위로가 아닌 말로 위로를 했다.

그분은 여전히 우시면서 "미워할 대상이 있다는 것은 내가 신경 쓸 사람이 있다는 거야. '밉다! 밉다!' 하다가 나중에는 불쌍해지거든. 불쌍한 마음이 들면서는 욕을 해도 나 아니면 저 인간 어디 가서 밥이라도 얻어먹겠나 하는 동정심이 생기더라고. 내가 미워하고 욕을 하며 챙겨주는 사람이 없어지니 내가 이제 무엇을 해야 하나 싶어서 너무 힘드네" 하셨다.

상대방을 통해 나의 존재감을 느끼며 살아온 세월이 많아서 그 빈자리를 채울 것이 없어 보였다. 남편과는 법적인 혼인 관계를 유지했을 뿐 사는 동안 마음으로 이혼을 백번도 더하고 없는 사람이라고 생각하며 살았다. 사별로 싱글이 됐고, 이제야 남편의 자리가 큰 것을 느끼게 된 것이다. 너무나 외로워 우울증 치료까지 받고 있다. 어떤 형태의 배우자이던 나의 상대가 있을 때는 혼자 희생하는 듯해도 분명 서로 의지하는 관계였을 것이다. 싸움이라도 할 수 있는 상대가 있다는 것이 삶의 외로움을 덜어주었다는 것을 훗날 알았다.

결혼생활을 하는 동안 좋든 싫든 울타리가 있기에 그 안에서 안정감을 누리고 살았음을 알게 됐다. 그러므로 이혼 후 싱글이 된 사람들은 외로움에 더 취약하다. 결혼 전 싱글과 이혼 후 싱글이 느끼는 외로움은 아주 큰 차이가 있다. 재혼을 많이 원하게 되는 이유 중 외로움이 가장 큰 이유일 것이다. 사이가 좋던, 좋지 않던 관계의 친밀도를 떠나 한 공간에 누군가와 함께했다. 누군가 함께 있던 공간에 한 사람이 빠지게 되면 공간의 비워짐이 크게 느껴진다.

　결혼 전 배우자의 조건 중 '착해야 한다'라는 말을 많이 한다. 착하다는 기준이 어디에 있는지 알지 못한다. 좋은 사람. 착한 사람. 그런 사람을 만났는데 왜 결혼생활이 원만하지 못했고 이혼을 선택해야 했는가? 결혼 전 싱글은 사람을 선택하는 기준이 타인들의 평가에 의한 것이 많다. 나의 성향을 정확히 알고 상대의 성향이 나와 합치가 되는 것이 어떤 것인지 알기에는 충분한 시간과 신중함이 부족한 것이 사실이다. 그 정도의 지혜를 가질 수 있기에는 많은 경험과 공부로 생긴 통찰력을 통해서만 이루어진다. 결혼 전 싱글 시절에는 사랑에 더 집중했다. 집안, 직업, 키, 외모, 매너 등등 이것저것 참 많이 따지는 척하지만 결국 이성적 매력에 이끌려 결혼을 하게 된다. 호감이 생기고 사랑이라는 감정이 생기면 그 감정 이외의 모든 것들은 문제가 되어 보이지 않는다. 남자는 감정의 동물이 아니다. 기분에 충실하다. 당신과 함께 있을 때 즐거웠고 재미가 있다면 그것으로 만족을 하는 것이다. 결혼생활을 하는 동안 당신의 이성을 눌러주고 있던 감정들이 걷히면서 상대의 불편한 진실이 보이게 된다. 잔소리가 생긴다. 불평이 생긴다. 불만 가득한 당신의 표정은 예전의 즐거움을 주던 모습이 아니다. 이제는 당신과의 시간이 즐겁지 않다. 기쁘지 않다. 다른 즐거움과 기쁨을 찾게 된다.

　주말이 되면 소파와 한 몸이 되어 텔레비전을 보며 흥분하고 즐거워한다. 그런 남편이 아내의 눈에는 한심스럽다. 바보스럽다. 아이들과 함께 어울려 주지 않아 화가 난다. 집안일에 도움을 주지 않아 분노가 쌓인다. 잔소리하게 된다. 남자는 너무나 귀찮은 듯 무심코 내뱉는 소리가 아내의 마음에 상처를 남긴다. 어느 집 남자는 휴일만 되면 자기의 취미생활을 찾아 무조건 집 밖으로 나간다. 가끔 아이들을 데리고 나가주니 아내는 고맙다. 그러나 취미생활 장소에서 아이들은 혼자 놀고 있다. 오며 가며 삼촌이라는 사람들이 인사를 건네거나 용돈을 주기도 하지만 아빠와 함께한다는 착각은 하지 말아야 한다.

　어느 집 남자는 휴일만 되면 새벽같이 등산을 간다. 건강에도 도움이 되고 자기 관리 잘하는 남편이 나쁘지 않다. 그들이 몸담아 다니는 등산모임에는 어김없이 이성들이 함께한다. 직접적인 외도는 아니지만 함께하는 남자들의 모습을 보면 너무나 행복해하는 모습이다. 즐겁고 재미가 있으니까.

　어느 집 남자는 결혼생활에서 즐거움과 재미를 잃어버린 것을 아내의 탓으로 돌린다. 그리고 재미있고 즐거움을 주는 이성과 외도를 즐긴다. 이 모든 남자의 재미를 찾는 행동은 많은 아내를 열받게 만든다. 현명하고 똑똑한 사람은 절제의 능력이 있다. 각자 절제력을 통해 서로를 배려하며 결혼생활을 유지해야 한다. 많은 이혼 사유 중 가장 으뜸은 '성격의 차이'다. 성격이란 각자가 소유한 성격이라기보다 '여자의 감정'과 '남자의 기분'의 차이라 생각한다. 이혼이 가져다준 피해의식 때문에 이혼한 싱글들은 상대를 더 세밀하게 관찰을 하고 의심을 하고 경계를 할 수밖에 없다. 피곤해지는 것이다. 그렇다고 연애를 포기하기에는 아직 배우자나 연인이 필요한 시기다.

결혼생활 동안 배우자와의 성생활이 이혼 후 단절이 되는 것도 큰 외로움을 느끼게 하는 이유가 된다. 이혼한 사람들에 대한 편견 중 하나가 연애나 성생활이 자유로울 것이라는 생각이다. 그러나 막상 이혼녀가 되고 보니 더 조심스럽고 머뭇거리게 된다. 누군가를 만나더라도 이혼녀라고 하면 섹스를 기대하지 않나 경계하게 된다. 성적 욕망을 채우는 것과 연애와 결혼은 모두 다른 문제인 것 같다. 결혼 전 싱글 시절은 여자들이 대부분 결혼을 전제로 한 만남에서 성적인 관계가 이루어졌던 반면 이혼 후 싱글은 성적 욕구의 대상이 되는 것 같다는 생각을 했다. 지금 시대는 결혼 전 섹스도 나의 20대와는 많이 다르기는 하다. 지금 시대의 20, 30대 미혼자들은 오히려 이혼녀인 나보다 더 성적으로 자유롭다. 그 또한 결혼 전 싱글이 가질 수 있는 자유로움이다. 많은 상대를 만나보고 진정한 자신의 반려자를 찾는다는 것도 나쁘지 않다고 생각한다.

이혼녀가 그렇게 자유롭게 새로운 배우자를 찾는다는 것은 이혼의 이유가 자신에게 있음을 알려주는 꼴이 된다. 그렇기에 외도를 즐기는 기혼자보다, 미혼자보다 더 많은 제약이 있다. 성적 욕구가 생겨도 남자처럼 쉽게 성관계를 할 수 없다. 여자는 성관계 이후 호르몬의 변화를 겪어야 하고 연애의 감정이 생기는 경우가 많기 때문에 조심할 수밖에 없는 것이다. 가끔 남자 못지않게 자유로운 성생활을 추구하는 여자들도 있다. 그러나 극히 일부일 뿐 나와 같은 대부분의 일반적 여자의 심리를 가진 사람은 자신의 틀을 벗어나기가 정말 어렵다. 사회에서 만들어 준 '여자의 생활'이라는 고정관념을 갖지 않은 사람이라면 애초 결혼을 하지도 않았을 것이라 생각을 한다.

결혼생활을 했던 여자들은 남자에 대한 동정심을 정말 조심해야 한다. 어떤 형태의 싱글이던 남자는 여자에게 동정심을 유발한다. 동정심으로 남자와 성적인 관계를 가지는 여자들이 의외로 많다. 나 역시 동정심에서 시작된 사랑의 경험이 있다. 이혼한 싱글 여성은 미혼의 싱글 여성보다 더 심하게 동정심을 가진다. 남자는 상대의 여자가 이혼했다는 경력 덕분에 '다른 남자에게도 헤프게 감정을 주지나 않을까?' 하는 불안이 있다. 집착과 감시의 대상이 된다. 반면 책임에 대한 부담은 비교적 덜 느낀다. 동정심이 가득한 당신은 사랑이라는 착각 속에 의미 없는 희생을 또다시 치르게 되는 것이다.

이혼 후 싱글이 힘든 또 다른 이유는 비교 대상이 생겨버렸기 때문에 어떤 이성을 만나도 전남편을 기준으로 점수를 매기게 된다. 결혼 전 싱글이었던 시절 맹목적인 연애와는 완전히 성격이 달라진다. '구관이 명관'이라는 말까지 하며 지난 배우자에 관한 아쉬움이 커지는 경우도 있다. 이혼의 이유가 되었던 문제는 돌이켜 생각해보니 다 이해할 수 있었던 것이라는 사람도 있다. 과거에 더 집착해서 재결합하는 경우도 있다. 어떤 선택을 하든 자신이 하는 것이다. 옳다 그르다는 법도 없다. 당신의 인생은 당신이 결정하는 것이다. 여러 가지 제약이 있고 웅크려 드는 마음도 있지만 나는 이혼 후 싱글인 지금의 삶에 대단한 만족을 느끼며 산다. 지난 과거에 잡혀 살다 보면 나에게 다가오는 멋진 미래를 볼 수 없게 된다. 어떤 형태의 싱글로 살던 가장 중심에는 자기 자신이 있어야 한다. 행복이든 불행이든 내가 결정한 것임을 한 번 더 강조한다.

익숙함을 상실한 두려움 극복 프로젝트

익숙함에서 벗어나 새로운 시작을 한다는 것에 대한 두려움은 너무나 당연한 것이다. 내가 과연 잘살 수 있을까 하는 마음에 위축이 되고 자꾸만 소심해짐을 느끼게 된다. 누군가 나의 사정을 알면 어떻게 생각할까 싶기도 하다. 그럴 때 '용기를 가지자! 힘을 내자! 할 수 있다!'라는 주문으로 두려움과 맞서려고 한다면 더 큰 스트레스에 곧 지쳐버리게 된다. 이혼이라는 엄청난 스트레스와 에너지를 소비한 당신이 어떤 힘이 남아 두려움과 맞설 수 있겠는가. 두려움에 집중하다 보면 두려움에 대한 두려움으로 더 많은 에너지가 들게 된다. 온몸에 힘이 들어가고 스트레스로 인한 스트레스에 피로감은 더 커진다. 악순환인 것이다. 어떻게 하면 익숙함에서 좀 더 쉽게 벗어나 두려움을 무시할 수 있게 되는 것일까?

과연 우리는 무엇에 익숙해 있었던 것인지 들여다보아야 한다. 내가 지내온 공간이 익숙했고, 만나는 사람의 익숙함이 있었다. 공기처럼 망각하고 무의식적으로 해왔던 모든 익숙함 들이 있다. 감정의 익숙함이 있다. 사랑했다. 설레고 행복한 날들이 있었다. 새로운 생명이 탄생한 환희도 있었다. 희열감도 있었다. 기쁨도 있었다. 이혼까지 달려오면서 상실감, 충격, 분노, 우울, 죄책감, 외로움, 슬픔 등 쓰디쓴 감정에 익숙해져 있다. 이 모든 익숙함을 함께한 배우자가 사라졌다. 함께 밥을 먹는 익숙함도 사라졌다. 함께 이야기 나누던 사람이 사라졌다. 미워하던 대상이 사라졌다. 원망의 대상이 사라졌다. 아이의 아빠가 엄마가 사라졌다. 드라마에서 보면 "여보 일어나! 좀 알아서 하면 안 돼?"라며 안방문을 연다. 그곳은 빈공간이다. 자신도 모르게 익숙했던 행동들이 무의미함을 느낄 때 커다란 상실감에 빠지게 된다.

이혼 통보를 받고 1년을 별거했다. 함께 지내던 아파트에 혼자 남겨진 나는 습관적으로 마트에서 장을 보았다. 남편이 좋아하는 식료품을 실컷 담았다가 다시 제자리에 놓아두었다. 세탁기에서 어쩌다 남편이 두고 간 속옷이나 양말이 나오면 오랜만에 친구라도 만난 듯 반가웠다. 맥주 한잔 나누는 밤에는 온갖 이야기를 지껄이던 시간이 너무나 그리웠다. 월급을 남편에게 건네면서 받은 "수고했어"라는 말이 그리웠다. 소파에 나란히 앉아 있던 살가웠던 시간이 그리웠다. 말도 안 되는 엉뚱한 농담에 껄껄 웃어주던 모습도 그리웠다. 피곤해하는 남편 씻겨주던 일도 그리웠다. 쉬는 날 남편 직장까지 함께 걸어갔던 시간이 그리웠다. 집에서 소주라도 한잔하는 날은 갑자기 끌어안고 춤을 추었던 시간이 그리웠다. 엉킨 오징어채무침을 손으로 뜯어주면 활짝 웃으며 받아먹던 모습도 그리웠다. 제삿날 함께 전을 부치던 모습도 그리웠다. 마트에 함께 다니던 날들이 그리웠다. 남편의 가느다란 머리카락 감촉이 그리웠다. 임신 8개월이라며 놀리던 불룩한 뱃살도 그리웠다. 악몽에 눈을 떴을 때 곁에 누운 남편을 확인하고 편하게 잠을 잘 수 있었던 시간이 그리웠다. 얼굴이라도 볼 수 있었던 시간이 미치도록 그리웠다. 다정하게 이름을 불러주던 목소리가 듣고 싶어 매일 울었다.

이렇게 그리워하게 될 줄 몰랐다. 이 그리움을 잊어야 한다는 것에 더 많이 울었다. 그리고 두려웠다. 씩씩해질 마음도 사라졌다. 아무런 힘이 없었다. 어떻게든 버티고 일어나다가 다시 미친 듯 "못해, 못해" 하며 땅바닥에 주저앉아 펑펑 울었다. 다 놓아버릴 용기가 조금도 생기지 않았다. 익숙했던 모든 것을 잃어버리는 두려움은 겪은 자신만의 고유한 고통이다. 온몸을 이룬 세포들이 몇 개인지 알 수 있을 만큼 세포 하나하나가 아팠다. 두려움을 인정할 수도 없었다. 두려움이 싫어 발버둥을 쳐댔다.

그렇게 1년을 버티고 6개월의 힘든 동거를 한 후 이혼을 했다. 법원을 나오면서 남편은 "만약 1년 전 이혼을 했더라면 너에 대해 좋은 기억은 남았을 거야"라며 냉정하게 돌아섰다. 이혼이 두려워 버틴 시간이 차가운 한 마디에 더 비참한 과거가 되어버렸다.

어차피 일어나야 하는 일이라면 받아들일 수밖에 없다. 쉬운 것은 결코 아니지만 어쩔 수 없는 것이다.

　이혼 때문은 아니지만, 부도가 나서 죽고 싶어 했던 지인이 있었다. 나의 이혼 이야기를 듣던 지인은 자신의 이야기를 해주었다.

　"이혼 많이 힘들고 아프지? 연애하다가 이별해도 죽니, 사니 난리인데…. 사업은 애인이나 남편보다 더한 것 같아. 돈을 잘 벌어다 주고 그 돈으로 사는 게 너무 즐거웠고 행복했는데 한 방에 끝나버렸어. 아무 생각 안 들더라. 내 팔자야 하고 한탄하다 처자식은 둘째고 여기저기 나 때문에 주저앉을 사람들 생각이 나면서 진짜 아무것도 모르겠더라. 죽고 싶다는 생각이 날 수밖에 없더라고. 유서를 썼지. 구구절절 쓰다가 나는 두려워하고 있다는 생각을 했어. 그리고는 두려움에 대해 죽 적어 보았어. 그래 나는 두렵다. 그런데 무엇이 두려운 것인가! 그래서 어떻게 하고 싶은지 내가 할 수 있는 것은 무엇인지. 앞으로의 삶을 어떻게 생각하는지 등등 몇 시간을 쓰고 나니 죽어서 될 일이 아닌 거야. 그래서 안 죽었어."

　안 죽었다는 것이 끝이다. 죽지 않았기에 살아서 할 수 있는 일들을 하나하나 책임감을 가지고 잘하고 있겠거니 생각했다. 그날 나도 집에서 두려워했던 것들 지금 두려운 것들을 적어봤다. 정말 쉬운 것이 아님을 알았다. 두려워하는 것을 적으면서 마주한다는 것이 참 쉬운 것이 아님을 알게 됐다. 회피의 대상이었고 덮어

두고 극복하려는 대상이었다. 어쨌든 나도 구구절절 적어 보았다. 그리고 어떻게 할까? 어떻게 하는 것이 10년 후 내가 나에게 더는 실망하지 않을 수 있을까 고민하게 됐다. 그리고 찾은 방법이 전혀 새로운 일을 해보자는 결론을 내렸다. 낯선 일에 긴장하고 몰입하다 보면 뭔가 답이 나올 것 같았다. 그리고 나는 잘 버텨냈다.

두려움 극복 프로젝트란 있을 수 없다. 극복하려면 직접 겪는 것뿐이며 시간이 흐른 뒤 되돌아봤을 때 '아, 극복했구나'라고 생각하게 되는 것이다. 그 시간을 어떻게 보낼 것인가를 고민해야 한다. 물에 빠져 허우적거릴 때 온몸의 힘이 들어가면 가라앉아버린다. 그때 "그래. 죽는 것이 두렵지만 어쩔 수 없어"라며 몸에 힘을 빼버리는 순간 몸은 떠오르고 살아날 기회가 주어진다. 힘을 어떻게 뺄 것인가? 나는 낯선 일에 빠졌다. 누구는 명상을 한다고 했다. 어떤 분은 새벽부터 밤까지 정신없이 걷기를 했다는 기사도 읽었다. 여행을 다녀오기도 하고, 맛있는 것을 먹는 것에 집착했다고 한다. 게임에 빠진 사람도 있다. 아무것도 하지 않은 채 누워만 있는 사람도 있다. 음악에 매달린 사람도 있다. 그림을 그리는 사람도 있다. 글을 쓰는 사람도 있다. 두려움에 신경을 쓸 시간에 '그래. 두려워'라고 인정하고 정신을 다른 곳에 팔다 보면 나는 다른 위치에서 그 두려움을 바라보게 되는 것이다.

두 번의 이혼을 하고 나에게 새로운 사랑이 찾아오는 듯했다. 사랑을 할 수 있다는 것이 너무 기쁘고 설레고 행복했다. 그러나 나의 몫이 아닌 사람이었다. 혼자 그렇게 전전긍긍 짝사랑으로 앓다가 연락마저 끊기니, 예전의 고통이 떠오르면서 더 아픈 느낌이었다. 아픔과 슬픔에 어쩔 줄 몰랐다. 매도 맞으면 맷집이 생긴다는데, 어디 있는지도 모르는 마음은 맷집도 안 생기는지 정말 속상했다. 그러나 고통의 두려움으로 방황하지는 않았다. 아픈 것 인정하고 슬픈 것 받아들였다. 울고 싶으면 울었다. 배고프면 먹었다. 그리고 퍼즐에 빠졌다. 퍼즐 하나 맞추다가 울고, 퍼즐 하나 찾다가 울고 했다. 점점 퍼즐에 빠지게 됐다. 퍼즐 열 개 맞추다 울고, 다음은 퍼즐을 맞추다 졸려서 잠들기 전 울고 다음은 퍼즐 한 판 다 끝내면 멍하니 그리워했다. 눈물이 그렇게 없어졌다.

지금의 내가 첫 이혼을 준비하던 시간으로 돌아간다면 두려움에 대한 나의 태도는 바뀔 수 있을까 하는 생각을 해보았다. 남편이 원하는 모습으로 담담하게 이혼을 받아들이지 못할 것 같다. 똑같이 울고불고 매달릴 것 같다. 고통은 익숙해지는 것이 아니기 때문이다. 아픔은 언제나 새롭다. 그러나 회복의 시간을 줄일 수 있는 지혜는 얻은 것 같다. 두려움이란 별스러울 것이 없다는 것을 알았다. 새 종이에 첫 글자를 적는 것에도 두려움이란 감정이 앞선다. 새 책을 펼치면 구겨질까 조심하면서 느끼는 감정도 두려움이라는 놈이다. 그림에 물감 칠을 시작하려고 할 때 붓을 든 손이 떨린다. 혹시나 망치면 어떻게 하지? 잘할 수 있을까? 두려움이라는 놈은 모든 곳에 숨어 있었다. 너무 잘할 필요 없다. 배고프면 밥을 먹으면 된다. 잠이 오면 잠을 자면 된다. 불면증이면 뜬

눈으로 좁쌀 같은 크기의 책속 글자를 보면 된다. 온몸의 기장을 풀고 잘하려는 마음을 비워보자.

이혼 전 책을 읽어라

　사람은 누구나 가치관을 가지고 살아야 한다고 배웠다. 어떤 형태의 삶을 살아내더라도 분명한 자기 가치관이 있어야 흔들림 없이 살아낼 수 있다고 했다. 가치관이란 누구의 비난에도 흔들림 없이 살 수 있는 힘이 되는 것이며, 가치관이 분명한 사람은 자존감이 높은 사람이라고 배웠다. 자신의 뚜렷한 가치관을 가진 신념이 있는 삶이란 너무나 멋지다고 생각을 했다. 나는 어떤 가치관도 인생의 신념이라는 것도 세워 본 적이 없다. 그래서 그런 말을 하는 사람들의 말에 큰 공감을 하지 못했다. 세상을 살아오면서 그때그때에 따라 세상에 존재하는 가치를 바라보는 내 생각은 고정된 것이 아니었다. 주변에서는 그런 나에게 변덕스럽다는 말을 했었다.

　한때 '딩크족'이라는 말이 유행했었다. 딩크족은 아이 없는 맞벌이 부부를 가리키는 말이다. 아이가 없는 대신에 풍족한 소비생활은 물론 다양한 취미를 즐기는 것이 취지다. 자식을 위해 시간과 돈을 투자하고 싶지 않다는 이유가 크다. 경제적으로 넉넉하지 않았기에 노후의 문제도 고민거리였다. 다른 아이들 보다 잘해주지 못할 것 같았다. 이런 여러 가지 이유로 남편과 나는 딩크족을 선언했다. 결혼생활 동안 아이의 필요성을 전혀 느끼지 않았다. 주변에서 아이를 가져야 한다고 난리였다. '노후에 외로워진다. 늙어서 자식이라는 보호막이 필요하다'라고 했다. 나와 남편은 그런 말을 우습게 여겼다. 자식에게 의존하려는 부모들의 생각을 비난했다.

이혼 후 나는 아이가 없어 이혼이 쉬웠던 것이 아닐까 하는 생각에 빠졌다. 아무리 부부가 사이가 좋아도 다투다 보면 자연스럽게 이혼을 생각할 때도 있다. 그러다 아이 때문에라도 누그러트릴 수 있는 문제들을 '아이도 없는데 굳이 왜 이렇게 살아?'라며 가볍게 이혼을 선택할 수 있는 것이다. 아이를 가지라고 열변을 통하던 지인들은 결국 아이가 없어서 남편의 마음이 떠나 버린 것이라며 나를 나무랐다.

이혼의 충격이 컸던 나는 재혼 후 임신을 위한 노력을 참 많이 했다. 자식은 부부 사이에 꼭 필요한 연결고리라며 예전과는 반대의 소리를 높였다. 친구는 "아이가 필요 없다고 해놓고?"라며 비꼬며 말을 하면 "겪어보니 필요한 존재 같아. 자식 덕 보자는 것은 아닌데 삶이 좀 더 신중해질 것 같다는 생각했어"라고 변명했다.

아이가 필요가 없다고 외칠 때 몰랐던 집착이 생기면서 새로운 불행을 느껴야 했다. 원하는 임신이 안 됨으로써 겪지 않아도 될 힘듦을 내가 만든 것이다. 임신을 위해 주사를 맞아야 했고 약도 먹어야 했다. 음식도 가려야 했다. 주말 부부였던 터라 장거리 운전을 하며 날짜를 맞추는 등 노력했다. 사십을 바라보는 나이에 마음은 더 급해졌고 심지어 불임이 상대의 탓이 아니냐며 심한 말까지 나누었다. 남편은 나이가 많은 내가 문제라고 했다. 나는 남편에게 다른 여자 임신시킨 경험이 있어서 무조건 내 탓을 하는 거냐고 따지고 물었다. 이렇게 할퀴며 싸웠다.

시험관시술을 남겨두고 아이 갖기를 포기했다. 아픈 아이를 출산한 지인이 있었다. 아픈 아이를 잘 키워낼 자신이 없었다. 마흔하나의 나이에 임신과 건강한 아이를 바라는 마음은 모험이라고 생각했다. 딩크족을 지향하던 마음에서 아이를 원하는 마음으로 바뀐 후 원하는 임신이 안 되어서 스트레스와 상실감만 남았다. 아이를 가지고 안 가지고의 문제보다 이럴 수도 저럴 수도 있음에 대처하는 나의 마음의 중심이 없었다. 너무 한 가지에 몰입하고 상처를 만들어 껴안은 것이다. 결혼이든 이혼이든, 출산이든 육아이든 모든 것은 내가 살아가는 인생에서 겪는 이벤트일 뿐이다. 그런 것에 나는 너무나 집착을 했다. 그리고 원하는 것이 이루어지지 않음에 '불행'이라는 감정의 이름을 붙였다. 세상을 살아가며 내 뜻이 이루어지지 않음에 대한 원망인 것이었다.

사람이 살아가면서 많은 것들에 가치를 두고 생각의 정의를 내린다. 자신이 가진 생각을 대단한 지혜라고 여기며 타인의 인생에 조언자의 역할은 하는 것이다. '나'라는 존재를 격에 맞추기 위해 많은 사람이 가진 가치에 대한 관점으로 나를 규정시키는 것이다. 그러한 규정에서 이탈이 비난의 대상이 되어야 했고 너무나 괴로 워했다. 나의 이혼이 자랑은 아니지만, 죄도 아니며 나를 위해 선택한 것이라 떳떳하다고 말 한 적이 있었다. 이 말을 들으시던 분이 나 같은 인생 실패자가 여기저기 나와서 이혼 운운하니 젊은 사람들이 배우는 것 아니냐며 역정을 내었다. 이 말에 어떤 반박도 하지 못했다. 나는 어떤 영향력 있는 존재도 아니었기 때문이다. 조금이라도 돈이 많거나 위치가 높은 사람의 말이 옳다고 지지를 받는 세상에 내가 떠들어 봐야 실패자의 변명인 것이었다. 또 어떤 이는 나에게 자식이 없는 사람은 세금을 더 내어야 한다고 했다. 왜냐고 반문하자 나라에 세금을 내고 그 세금으로 우리가 노인 복지라는 혜택을 받는 것인데 나는 세금 내는 국민을 만들지 않았다는 것이다. 내가 원한 불임도 아니다. 너무나 잔인한 말이라고 생각했다. 그 사람의 말을 뒤집으면 지금 내가 내는 세금으로 자신의 자녀가 혜택 보는 것에 대한 감사가 전혀 없는 것 아닌가! 나의 불임이 나라의 세금까지 책임져야 할 문제인가 싶었다. 이런저런 많은 말 속에서 나를 지킬 수 있는 것은 나 자신뿐이란 것을 알았다.

　두 번의 이혼을 했고 자식이 없는 박복한 여자라는 타이틀을 가진 나는 어떻게 살아야하는 것인가에 대한 고민을 시작했다. 왜 나의 인생이 누군가로 인해 잘살았다, 못살았다를 규정지어져야 하는지 마음이 불편했다. '남편이 없으면 복이 없는 것인가? 이혼을 두 번 하면 복이 없는 것인가? 자식이 없으면 복이 없는 것인가? 그렇게 말한다면 출가한 스님들은 모두 복이 없는 존재들인가? 성당의 신부님들도 복이 없는 것인가? 예수님은 죽임까지 당했으니 정말 복이 없는 분인가? 라며 억울한 마음에 반박이라도 하면, 어떻게 그런 분과 비교를 하냐며 핀잔을 받았다. 선택한 삶과 실패한 삶의 차이라고 했다. 그런 말을 하는 사람들과 어울리지 않았다면 나는 상처를 덜 받았을 수 있었을 것이다. 그러나 그들 덕분에 새로운 공부를 시작하게 됐다. 답을 찾기 위해 책을 읽기 시작했다. 심지어 요리책도 읽었다. 책을 읽으며 다양한 생각을 할 수 있었고 외부에서 오는 공격에도 유연하게 대처할 힘이 생김을 알았다. 좋은 사람들을 만나 좋은 책을 권유받고 의식이 성장하면서 내가 가진 문제를 돌아볼 힘도 생겼다. 다양한 책을 보면서 나의 연민에 빠져 나를 파괴하던 짓도 멈추게 됐다. 원하는 것이 이루어지지 않음에 원망하고 탓을 하는 겸손함 없는 인생을 살아왔음을 알게 됐다. 그리고 어떻게 살 것인지 목적도 가지게 됐다.

큰 문제라고 여기었던 것들이 나에게는 더는 문제가 되지 않음을 알게 됐다. 자신의 행복을 위한 것이 결코 이기적인 것은 아니다. 진정 자신이 추구하는 행복이라는 것이 무엇인지 정확히 알아야하는 것이다. 단순히 상황이라는 것에서 벗어나기 위한 이혼은 정말 어리석은 것이며 반복될 수밖에 없다. 내가 그렇게 이혼을 했기 때문에 당당히 외칠 수 있다. 이혼 후 찾아오는 누구나 겪을 수밖에 없는 마음의 장애를 빠르게 내보낼 힘을 키워야 한다. 책을 보고 마음공부를 하는 것은 독감 예방접종이라고 하면 더 이해가 될 것이다. 독감 예방접종을 하더라도 독감은 찾아온다. 다만 그 정도는 분명 독감 예방접종을 하지 않은 사람과 엄청난 차이가 있다.

평생을 매 맞고 살면서도 벗어나지 못하는 사람들이 있다. 매번 배우자를 속이는 신뢰를 할 수 없는 사람과 평생을 사는 사람도 있다. 법으로 어기지 말아야 할 범법행위를 하는 배우자와 아까운 시간을 애써가며 사는 사람들이 있다. 모든 생각이 함께할 수 없어 갈등 속에 사는 사람들이 있다. 너무나 많은 에너지를 쏟아내며 살아낸다. 원망하고 미워하고 그러나 벗어날 수 없어 속상해한다. 그곳에서 머물지 않고 비우고 나오면 되는 것이다. 그렇게 할 수 있는 마음의 힘이 필요한 것이다. 막상 이혼하려니 마음이 약해진다는 사람들이 있다. 그것은 상대를 위한 이타적인 마음이 아니라 마음의 힘이 부족한 것이다. 간혹 어떤 책을 읽어야 하는지 물어보는 분들이 있다. 어떤 책이든 상관없이 시작해보시길 바란다.

5장

이혼을 망설이고
두려워하는 사람들에게

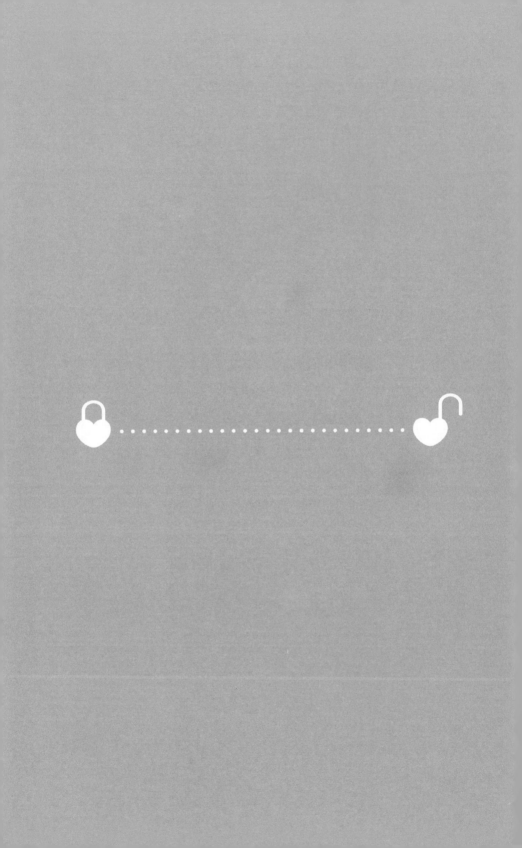

이제는 여왕으로 살아라

나는 가정폭력에서 벗어나지 못하고 매 맞는 것에 길들여진 사람들을 많이 보고 자랐다. 어린 시절 내가 살던 동네는 판잣집들이 모여 있는 산동네였다. 삶의 수준들이 이성보다 본능에 충실한 사람들이 더 많은 동네였다. 어느 집 아저씨 술 한잔 하시면 그날은 친구들이 동네를 서성거렸다. 우당탕 집기류 내동댕이치는 소리는 일상이었다. 어느 집 아내는 곱게는 맞지 않는다. 발악한다. 한두 시간쯤 패고 발악하는 지옥의 시간이 끝나면 온 동네는 잠잠해졌다. 다음날 매 맞은 아내의 눈가에는 어김없이 피멍이 들어있다. 친구들의 온몸에도 멍 자국이 선명했다. "아빠가 또 때렸어?", "응." 이 정도가 다음날 인사였다. 놀랄 일이 아니었다. 가부장적인 사회에서는 너무나 당연시되었던 모습이었다.

30대 초반 때의 일이다. 퇴근 후 집으로 가던 중 고급 아파트 건물 앞에 구급차가 서 있는 것을 보고 궁금했다. '누가 다쳤나? 누가 죽었나?' 하는 생각에 사람들 속을 헤집고 들어가 상황을 보았다. 구급차 옆에 한 할머니가 주저앉아 "내가 죽었어야 한다. 다 내 탓이다" 하며 가슴치며 통곡을 하는 보습을 보았다. 들것에 실려 내려온 사람은 고등학생이었다. 나는 너무 궁금해서 옆에서 함께 그 장면을 보시던 아주머니께 물어보았다. 애가 아버지한테 맞았다고 했다. '얼마나 맞았으면 구급차가 올까?' 그 일이 한동안 여러 사람의 커다란 뉴스거리였다. 후일 어느 모임에서 그 일이 회자가 됐다. 그 학생의 아버지는 지역 유지면서 직위가 꽤 높은 공무원이었고, 어머니는 학교 교사였다. 아버지는 주변 평판이 매우 좋았던 사람이였다고 했다. "내 탓이다. 내가 죽어야 한다"라며 통곡하시던 그 할머니는 그 학생의 외할머니였다. 고3인 아들이 휴대폰을 만지고 있다가 귀가한 아버지에게 발각되고 골프채로 심하게 맞았다고 했다. 마침 외할머니가 오셔서 급히 구급차를 부르게 되었고, 그 일 이후 그 집 부부는 이혼을 준비 중이라고 들었다. 놀라운 사실은 남편이 오랫동안 아들과 아내를 폭행해 왔다고 했다. 밖에서는 아주 훌륭한 인품을 가진 남자가 집안에서는 무서운 폭군이었다. 나는 이해가 안 됐다. 내가 상상하고 동경하는 중산층의 가정에서 어떻게 이런 이리 있을 수 있을까? 나는 큰 충격을 받았다. 더구나 한 학교의 교사를 할 정도의 여성이 어떻게 가정폭력을 온몸으로 견디고 살았을까? 능력이 있는 여자가 경제적 어려움도 없었을 텐데 왜 벗어나지 못했을까?

가정폭력이란 거친 사람들의 삶의 한 모습이라고 생각했다. 텔레비전에서 나오는 중산층의 모습은 항상 고상한 말투와 우아한 몸짓으로 다정해 보였다. 세련된 모습은 나에게는 동경의 대상이었다. 달동네가 나오면 내가 사는 동네와 다를 것 하나 없었다. 구질구질했다. 이런 모습이 익숙했던 나에게는 이 사례는 충격이었다. 중산층이라는 이유만으로 행복해도 좋을 사람들의 속내가 너무나 경악스러웠다. 이후 나는 엘리트 집안이라는 사람들을 조금씩 알게 되었고 이와 같은 사례들을 여러 차례 더 들을 수 있었다.

가정폭력의 가장 큰 원인은 아내와 자식의 소유 의식이다. "내 마누라, 내 자식을 내 마음대로 하는데 무슨 상관이야!" 가정의 중심이 가장이고 아내와 아이는 복종해야 한다는 가부장적이 불평등한 지위와 역할이 가정폭력을 만연케 했다. 가정폭력 관련 리포트 내용 중 1992년 한국사정책연구원의 조사를 보면 아내를 때릴 수 있다고 생각하는 남성이 67.6%에 달했다고 한다. 그리고 남의 집안 문제에 끼어들면 안 된다는 사회적 인식이 강했다. 사회 전반의 폭력문화가 가정폭력을 부추긴 것이다.

지금은 가정폭력 신고에 법적으로 대응해야 하는 기관들이 많이 있다. 피해자들을 위한 여러 복지제도도 유기적으로 운영이 되고 있으며, 벗어나려는 의지만 있다면 많은 도움을 받고 회복을 꾀할 수 있다. 그런데 아직도 가정폭력에서 벗어나지 못하는 많은 매 맞는 아내들의 심리는 무엇 때문일까?

　'스톡홀름증후군'이란 인질이나 피해자였던 사람들이 인질범이나 가해자들에게 오히려 애착이나 온정과 같은 감정을 느끼는 것이다. 자신을 구해주려고 했던 가족, 친구, 경찰 등의 대상에 대해 부정적 감정을 지닌다. 폭력을 일삼는 남편을 이상화하는 아내, 자신을 학대하는 아버지를 닮고 싶어 하는 소년 등에도 동일한 심리적 기제가 작용한다고 한다.

　스톡홀름증후군을 다룬 책 《여자는 인질이다》에서는 '피해자는 가해자에게 유대감을 느끼기 때문에 가해자 곁에 머무는 것이 아니다'라고 말한다. 탈출할 방법이 없기 때문에 어쩔 수 없이 가해자에게 유대감을 느끼는 것이다. 인질이 인질범을 떠난 후에 다시 인질범에게로 되돌아가는 이유는 보복이 있을까 두렵기 때문이다. 인질은 그렇게 생각하지 않을 수도 있지만, 실제 동기가 그렇다고 한다. 맞고 사는 여자 경우를 살해 혹은 극심한 구타를 당할 확률이 그 어느 때보다 높아지는 건 폭력적인 파트너와 헤어진 이후라고 한다. 이 사례처럼 만성적인 폭력에 노출되어 자신을 상실한 사람이라면 폭력 남편을 떠날 방법을 마련하기가 더 어렵다. 안타까운 것은 당장 생존에 급급해 미래 탈출 계획을 세울 여유가 없다. 탈출 시도가 실패할 경우 막심한 피해가 예상된다면 어떤 위험도 감수하지 못한다. 폭력에 길들여진 사람들은, 자유롭게 살 수 있는 상황이 되어도 쉽게 도망가지 못한다는 말에 이제 서야 이해가 됐다.

　폭력에 익숙해지기 전 이혼하면 된다고 쉽게 생각할 수 있다. 한 번 시작된 폭력은 강도를 높여가며 지속된다. 그렇다면 첫 폭력 이후 이혼을 해야 하는 것인가? 얼마만큼의 폭력을 당하다 헤어져야 옳은 것인가 하는 의문이 든다.

　나는 재혼한 배우자와 연애 시기부터 다툼이 많았다. 데이트 폭력도 있었다. 그 사람이 가진 다른 조건이 충족되었기 때문에 그런 폭력성은 그렇게 큰 문제가 아니라고 생각했다. 결혼 후 폭력성은 결국 폭행이 됐다. 급기야 구급차에 실려 응급실을 갔다. 폭력으로 남편을 고소하기도 했다. 오히려 경찰은 "원만히 끝내지. 공무원 남편 앞길 망치면 돼요! 합의하세요!"라며 나를 나무랐다. 이혼을 두 번 하면 안 된다는 마음에서 참았다. 이후 싸움은 일상이 되어버렸다. 싸움은 점점 더 격해졌고 더는 정상적인 생활이 불가능해졌다. 결혼 전, 남편의 폭력성에 두려움은 없었다. 심한 구타를 당해 응급실에 다녀온 이후 폭력의 공포를 알게 됐다. 나는 남편이 무서웠다. 싸울 때는 먼저 미친년처럼 악을 썼다. 남편이 퇴근하면 방으로 도망쳤다. 그러다 또 언성이 커지면 매번 경찰을 불렀다. 결국 나는 이혼을 원했고 그 사람도 나 때문에 신세 망칠 것 같다면서 합의했다.

　어떤 형태의 폭력이든 벗어나야 한다. 적절한 시기란 있을 수 없다. 내 마음이 모든 것에서 지쳐서 더는 희망이 없어져야 이혼이 결심되기 때문이다. 다만 내가 참으면 배우자가 변할 거야 내가 잘못해서 배우자가 실수한 거야, 남자가 이성을 잃으면 그럴 수 있어 등 배우자의 폭력을 정당화시켜서는 안 된다는 것이다. '꽃으로도 때리지 말라'는 말이 있다. 아무리 화가 나고 분노가 일어난다고 해도 폭력은 분명 범법행위다. 만약 당신 자식이 폭행을 당하면 피가 머리끝까지 끓는 분노를 느낀다. 상대방이 화가 났으니 그럴 수 있다. 당신 자식이 잘못해서 맞았다고 합리화시킬 수 있는가? 분명 범법행위를 자식이 당했다는 단호함이 생긴다. 그런데 당신 자신은 왜 본인의 잘못으로 맞았다고, 그럴 수 있다고 생각하는가. 지금도 폭력이 오가는 결혼생활에서 벗어나지 못하는 사람이 많다. 이유가 스톡홀름증후군이든, 사랑이라 착각하는 마음이든, 실수였을 것이라 합리화시키든 가장 중요한 것은 당신은 소중하다. 당신의 부모보다 소중하다. 당신의 아이보다 소중하다. 당신은 여왕이다.

이혼은 당신이 선택하는 것이다. 다만 소중한 당신을 지킬 수 있는 사람은 당신 자신뿐임을 꼭 기억하길 바란다. 순한 피해자가 되지 않기를 바란다. 범법행위에 대한 정확한 인식이 필요하다. 배우자는 나를 가해할 수 있는 사람이 결코 될 수 없다. 자존감을 회복하기 위해 무조건 방법을 적극적으로 찾길 바란다. 무서운 폭력 앞에 무기력해질 수밖에 없거나, 더욱 불안해 하며 공포스러워

한다면 폭력을 더 가중시키는 좋은 방법이다. 당신은 결코 혼자서는 이겨낼 에너지가 없다. 감기에 걸리면 병원 가듯이 마음 편안하게 도움을 청하길 바란다. 자존감이 회복되어야 한다. 세상에 가장 귀한 존재는 '나' 본인임을 알아야 한다. 진정 당신이 자신을 먼저 사랑해야 모든 불행에서 벗어날 힘이 생긴다. 누군가의 소유물도 아니고 폭력의 대상이 되어서도 안 된다. 어떤 존재보다 자신을 사랑하고 귀하다 생각하면 당신은 어떤 두려움도 이겨낼 수 있게 된다. 당신은 여왕이다. 이제는 여왕으로 살아라.

깨진 바가지, 그냥 버려요

어느 부부는 20년가량 함께 가게를 운영하며 24시간을 함께 지냈다고 했다. 언제부터인가 남편의 외출이 잦았고 그런 날은 부인은 불평을 했다. 점점 외출이 잦아졌다. 주변 지인들인 남편이 외도하는 것 같다는 소식을 알려 주었으나 남편은 그런 사람 아니라며 의심을 전혀 하지 않았다고 했다. 그러나 마음 한구석에서는 설마 하는 마음이 있었고 믿고 싶지 않아서 회피했다고 했다. 주변에서는 아내를 만날 때마다 남자는 알 수 없다며 주의를 계속 주었다. 아내는 의심의 마음이 생겼고, 외출 후 돌아오는 남편의 옷 호주머니와 차량을 뒤적이기 시작했다고 한다. 의심스러운 물증들이 몇 가지를 찾았으며 남편의 외도가 확실함을 알게 됐다고 했다. "여보 혹시 다른 여자 생겼어?"라며 조심스럽게 물어보았다고 했다. 남편이 아니라는 말을 해주길 바랐다고 했다. 남편은 순순히 외도를 인정했고 미안하다며 이혼을 요구했다고 했다. 재산은 부인의 명의였고, 남편은 작은 원룸 구입할 정도의 돈만 요구했다고 했다. 부인은 외도한 남편이 원망이 되거나 미운 것이 아니었다고 했다. 자신을 버리고 남편이 떠난다는 두려움에 이혼을 거부했다고 했다. 그러나 남편은 함께 살기에 불편하다며 이혼하는 것이 서로에게 도움이 된다며 설득한다고 한다. 외도한 남편을 보면 상간녀 생각에 마음이 힘들지만, 가정을 지키고 싶었다고 했다. 이 아내는 오로지 가정이 유지되는 것에 목적이 있었다.

나 역시 별거하는 동안 남편은 외도하는 여자와 결혼까지 결심한 듯했었다. 나의 극단적 선택 때문에 어쩔 수 없이 이혼을 포기하고 들어왔지만 매일 그녀와의 만남 후 늦게 귀가하는 것은 신경이 쓰일 수밖에 없었다. 가정을 지키고 싶었을 뿐이지만 외도하는 것을 알고 있다는 것은 더 힘이 드는 것이었다. 약해질 만큼 약해진 마음 덕분에 더 크게 상처를 받게 된 것이다. 자존감은 결국 바닥이 나게 되는 것이고 예전 당당하고 큰소리치던 모습이 사라지니 더욱더 나를 불편하게 생각했다. 집에 들어오는 시간은 점점 늦어지고 주말에는 외박을 했다. 결국 남편도 자신의 한계를 느끼게 됐고 이러지도 저러지도 못해 새벽에 거실에서 울고 있었다. 둘이서 힘든 시간이었다. 각자 숨막히는 고통을 끌어안고 한 공간에서 함께하는 그곳은 지옥이었다. 내가 지키려고 발버둥친 곳이 지옥이 되어있음을 알게 됐다. 우리의 관계가 전혀 회복될 수 없다는 것도 깨달았다.

배우자의 외도는 어느 가정에서나 있을 수 있는 일이다. 주변에서 배우자의 외도를 상대 배우자의 탓으로 생각을 한다. "어떻게 했으면 바람을 피웠겠어!" 배우자의 외도로 상처받고 주변의 왜곡된 시선에 더 큰 상처를 받는다. 배우자의 외도를 알게 된 처음 감정은 당연히 분노하게 되고 화가 난다. 외도한 배우자는 상대 배우자의 잘못으로 외도한 것이라며 상태를 탓한다. 시간이 흐르면서 오히려 피해자인 배우자는 자신을 자책하기 시작한다. "나때문에 생긴 문제 같아요. 내가 조금만 신경 써 주었어도 저렇게까지 할 사람이 아니었는데"

모든 사람이 권태를 느끼고, 스트레스를 받는다. 서로의 관계가 예전보다 편하지 않게 되었다. 어느 남편은 임신한 아내와 섹스를 할 수 없었기 때문에 바람을 피웠다고 했다. 어떤 이유를 가져다가 상대 배우자 때문에 어쩔 수 없는 선택이 외도였다며 억지스러운 말로 정당화 하려고 한다. 부부관계가 외도를 정당화 할 만큼 문제가 있다고 생각한다면 함께 병원을 다니거나 상담센터에 의뢰해서 회복의 노력을 해야 한다. 관계 개선을 원하기는 했을까? 이미 시들해진 배우자와 어떤 노력도 하기 싫었을 것이다. 자신의 즐거움과 재미를 위해 선택한 것이다. 그냥 외도하고 싶어서 하는 것이다. 배우자의 외도는 바람을 피우는 본인의 문제인 것이다.

'바람은 안 핀 사람은 있어도 한 번 핀 사람은 없다'라는 말이 있다. 그만큼 외도에서 느끼는 쾌감은 마약을 한 환각 상태에 비유한다. 바람이 난 남편은 기분이 너무 좋다. 너무 재미가 있다. 인생이 신난다. 부인으로 인해 이 즐거움과 재미가 사라지기를 원하지 않는다. 새로운 부인을 얻는다고 해도 지금의 부인처럼 자신을 귀찮게 할 것이라는 것을 안다. 불편하게 이혼을 하고 다시 재혼하는 번거로움이 싫다. 외도하는 많은 사람들이 자신의 결혼생활은 유지를 하면서 즐거움은 유지하고 싶어 한다. 자신의 외도가 들통나지 않게 하기 위해 더욱 아내에게 잘하는 경우가 많다. 외도를 지속하기 위해 아내와의 섹스를 더 열정적으로 하는 남편도 있다. 아내의 바람은 감정이 생긴다. 설렘을 느끼며 연애 시절 좋았던 기억을 되살려 주기에 남편이 불편한 존재가 된다. 외도의 상대가 유부남인 경우 이혼을 하고 함께하고 싶다고 한다. 외도하는 아내들은 진심으로 이혼까지 감행하지만 결코 외도하는 유부남은 피곤한 과정을 실행하지 않으려 한다. 앞서 소개한 아내들은 싱글이었던 남자를 만났다. 그리고 함께하기 위해 가정을 버렸다.

간통죄가 폐지되면서 외도는 아주 활성화가 됐다. 이성 친구가 있음을 자랑스럽게 생각한다. 유부남, 유부녀 사이에 '애인이 없으면 장애인이다'라는 웃지 못할 농담을 할 정도다. 요즘은 너무나 쉽게 만날 수 있으며 즐길 수 있는 시스템이 잘 갖추어져 있다. 같은 관심사로 모이는 동호회나 밴드를 통해 쉽게 다른 이성들을 만난다. 공통의 관심사를 가졌기에 더욱 끌림은 크다. 동창회를 빌미로 모임을 한다. '그들은 다만 친구일 뿐이다'라며 만남을 정당화시킨다. 친구는 친구인데 다만 친구라 강조하는 의도는 무엇이겠는가? 의식적으로 불륜의 대상임을 인지하는 것이다. 사람 친구는 더욱더 무서운 관계이다. 어떤 누구보다 더 끈끈한 관계임을 말하는 것이다.

외도한 배우자가 이혼을 요구하던, 매번 용서를 구하면서 상습적으로 외도를 하건 상대 배우자는 상처를 받아야 한다. 이 사람을 잃어버리면 다시는 사랑을 못 할 것 같다는 두려움 때문에 이혼을 망설이는 사람도 많다. 가정을 지키지 못했다는 자책도 한다. 이혼녀, 이혼남이라는 따가운 시선도 두렵다. 자녀의 사회생활에 불이익이 생길까 걱정이 된다. 내가 가지기는 싫어도 남 주기는 더더욱 싫은 감정도 생긴다. 이런 여러 가지 복잡한 감정이 생겨 주변 사람들과 의논을 한다. 누구는 쉽게 "그런 사람과 어떻게 살아! 나 같음 당장 정리한다! 미련하게 왜 그래?"라고 핀잔이라도 주면 당장에 이혼하지 못하는 자신을 비관한다. 누구는 "누구나 실수는 하는 것인데 한 번 봐 줘. 앞으로 더 잘하겠지" 라고도 한다. "그러게 남편 관리 잘했어야지. 네가 너무 맘 놓고 있었던 거잖아"라며 핀잔도 준다. 나는 동생에게 "네가 바보다"라는 말을 들었다.

배우자의 외도로 고민을 하는 경우 지인과 친구들과 의논 하는 것을 나는 절대 반대한다. 그들은 자신과 동등하다고 생각하지 않는다. 당신이 이혼을 주저하고 아파하는 순간 그들은 상대적 우월감을 느낀다. 그리고 피해자인 당신을 곱게 판단해주지 않는다. 결코! 그들의 주관적 감정이 앞선다. 전문적 지식도 없다. 감기에 걸려도 병원을 간다. 당신은 심각한 장애를 가지게 되었는데 비전문가들에게 답을 구한다. 아주 위험한 일이다. 나의 일 아니니 쉽게 이혼하라고 한다. 사회의 구성들이 견고하기를 바라는 보수적 사람들은 참으라고 한다. 각자에게 맞는 솔루션을 주지 않는다는 것이다.

배우자의 외도를 알고도 이혼을 망설이거나 거부하는 아내 또는 남편들은 가정을 지키겠다는 생각뿐이다. 내가 이 가정을 지키려고 한다면 배우자가 돌아올 것이란 미련을 놓을 수 없는 것이다. 결혼 전 배우자의 외도를 알게 되었을 때 어떻게 하겠냐는 질문을 받으면 '이혼한다'라고 한 치의 머뭇거림 없이 대답했다. 그러나 나의 배우자가 외도했고 이혼을 요구 할 때는 분노가 일어날 정신이 없었다. 상간녀 때문에 나의 배우자를 잃어버린다는 절박함에 정신이 아찔해졌다. 더욱 이혼을 거부하는 마음이 생겼다. 그래서 이 가정을 지켜야 한다는 명목으로 발목을 잡고 매달렸다. 외도하는 배우자에게 '사랑'이니 '정'이니 '가정을 지키자' 이런 감정에 호소하는 말은 그들의 귀에 들리지 않는다. 이혼에 연연하는 배우자를 더욱 징그러운 존재로 생각하게 한다.

깨진 바가지는 아무리 붙여 쓰려고 해도 어렵다. 물이 샌다고 속상해 할 것인가? 버리면 된다. 버림이란 이혼을 말할 수도 있고, 마음을 내려놓는 것도 있다. 어떤 선택을 하던 중심에는 당신이 있어야 한다. 외도하는 사람을 '술에 만취한 사람'이라고 한다. 어떤 말도 통하지 않는다. 만취한 당신의 배우자는 자신의 상태를 알지도 못한다. 이성적일 수 없다. 모든 기능이 마비된 배우자에게 원망하는 것도 자신만 아프다. 화를 내는 것도 본인만 다친다. 자신 탓을 하는 것은 아주 어리석은 짓이다. 문제가 없다는 것은 아니다. 함께 풀어야 할 문제인 것이다. 한 번 더 강조한다. 결코 혼자서 앓고 고민해서는 안 된다. 친구들과 지인들에게 상담을 받아서도 안 된다. 어설프게 여러 가지 동영상 자료를 보며 섣부른 판단을 하는 동안 당신은 더욱 심각한 심리 장애를 가지게 된다. 세상에서 일어나는 어떤 일에는 원인이 있다. 당신에게 커다란 축복이 오기 위한 시험으로 받아들이고 현명하게 극복하길 진심으로 바란다.

자기 연민은 당신을 죽이는 독이다

자기 연민은 중독적이다. 자기 연민이 깊어지면 나르시시즘에 빠지게 된다. 자신을 향한 맹목적인 동정과 위로 속에서 나는 쾌감을 맛보았다. 타인과 구분되는 특별함을 발견함으로써 카타르시스를 느꼈다. 드라마 속 비련의 여주인공에 몰입하면서 나는 점점 더 중독되어 갔다. 슬픈 발라드가 나를 위로하는 노래만 같았고 그것에 심취했다. 불행이 주는 우울함 속에 나는 고독한 사람이라는 멋스러움에 한껏 취했다. 모든 생각과 말들이 암울하게 변했다. 염세주의적인 정신세계에서 나는 빠져나올 수 없었다. 나를 더 극한 불행한 사람으로 몰아넣기 위해 누군가의 탓이라며 날카로운 날을 세운다. 자기 연민으로 타인에게 관심과 공감 위로를 구걸한다. 나의 불행에만 커다란 동정심을 가지면서 타인의 슬픔에는 외면하게 됐다. 그들의 아픔은 경미하다고 느꼈기 때문이다.

내가 처음 자기 연민에 빠진 것은 부모님의 이혼이었다. 너무나 그리운 엄마를 생각하며 버려진 기분에 취해 울었다. 그 울음 속에서 나는 묘한 기분을 느꼈다. 시원함도 느꼈다. 이후 그 눈물이 그리워 친구와 울기 놀이까지 했다. 중학교 2학년 학기 시작 때 새엄마에게 맞은 것을 글로 썼다. 담임선생님은 나를 운동장 벤치로 불러 나의 개인적인 이야기를 물어보셨다. 그리고는 꼭 안아주셨다. 그때 묘한 기분을 다시 느꼈다. 나의 불행을 위로받는 기분이 너무 좋았다. 관심을 받는다는 것은 누구나 기분 좋은 것이다. 공부를 잘해서 관심을 받을 수 있다. 좋은 외모로 관심을 받을 수 있다. 나는 나의 불행으로 관심을 받는 쾌감을 맛본 것이다. 누군가는 위로를 동정이라 생각하고 강하게 거부하는 사람도 있다. 그러나 나는 쾌감까지 느꼈던 것 같다. 이후로 어떤 일만 있어도 나는 이혼가정의 불쌍한 아이처럼 보이기를 좋아했었다. 대학을 다니면서 연애를 했다. 그러나 사귀는 남자에게 나는 암울한 모습을 보였다. 밝고 쾌활한 모습 이면에 감추어진 어두운 면을 보이면서 남자의 부성을 자극했던 것 같다.

남편의 이혼 요구 후 나는 다시 연민의 늪에 빠졌다. 늘 우울했고 울면서 거울을 보았다. 더 격한 감정을 느끼며 울었다. 나는 피해자라는 생각에 사로잡혔고 피해의식을 키우고 있었다. 다른 사람들과의 관계를 단절했고 외로움과 절망감에 빠져 세상은 나를 모른다며 벽을 만들기 시작했다. 그러면서도 사람들 관심의 중심에 있기를 바라는 마음도 가졌다. 이렇게 나는 점점 더 불행에 중독되어 가게 됐고 나의 만족을 위해 더 큰 불행들은 나를 찾아 왔다. 내가 인식하지 못한 자기 연민으로 나의 삶이 힘들 수밖에 없었던 것이다.

두 번째 이혼을 하고 2년 동안은 경제적으로 어려웠지만 3년째부터 그럭저럭 벌이가 나아지기 시작했다. 부모님과 관계도 좋았으며 함께 여행을 다니고 안정되고 즐거운 날들을 보냈다. 집도 조금 넓은 곳으로 가게 됐다. 나도 모르게 돈에 집착이 생겼고 자만심에 빠지기 시작했다. 자만심을 자신감으로 알았다.

나는 사랑을 하게 됐다. 물질적 정신적으로 도움이 되는 사람이었다. 마음껏 기대어도 되는 사람이었다. 태어나 남자에게 물질적 도움을 받아 본 적도 처음이며 고가의 선물을 받기도 처음이었다. 마치 여왕이 된 것만 같은 황홀함을 맛보았다. 꿈같은 미래를 함께 이야기하며 나의 인생이 바뀌는 순간이 코앞까지 다가왔다.

나는 세 번째의 결혼을 꿈꾸었다. 나의 연민은 내가 행복해지는 것을 원치 않았다. 어떻게든 나를 불행하게 만들기 위해 갈등을 주었다. 주변 사람들과의 사이도 힘들게 만들었으며 결국 행복에서 도망치게 만들었다. 아무런 이유가 없었다. 내가 나의 인생을 나쁘게 만들었던 습성 덕분에 행복과 행운을 피해 도망친 것이다. 자신감인줄 알았던 나의 자만심이 사랑의 고마움을 잊게 했다. '나 혼자의 삶이 더 멋진 거야'라는 생각이 나를 지배했다. 그리고 그 사람과의 행복한 미래를 내가 걷어차 버린 것이다. 핑크빛 미래를 내가 거부하고 다시 슬픔에 빠졌다. 행복의 문 앞까지 가면 나는 곧장 문제를 만드는 나쁜 짓을 했다. 그리고는 나의 삶은 왜 이런 것이냐며 비극의 여주인공 놀이를 하는 것이다.

왜 나는 좋은 것이 다가와도 가지지 못하며 행복을 두려워하는지 깊은 고민을 시작했다. 원초적인 생각부터 시작했다. 나는 누구인지, 지구에 한 생명으로 태어난 이유는 무엇인지. 많은 책 속에서 답을 찾으려 했다. 첫 이혼 후부터 12년 동안을 순간의 고통을 벗어나는 법은 알았고 열심히는 살았지만 내 인생의 목적이 무엇인지 생각 없이 달려왔던 것이다. 처음으로 나를 들여다보기 시작했다. 아무리 좋은 글 좋은 강의를 찾아다녀도 나와 주파수가 맞지 않으면 깨닫지 못하는 것이다. 내가 만들어놓은 틀 안에서 답을 찾으려 했을 뿐이다.

자신의 아픈 과거를 종이에 적으며 적당한 자기 연민을 느끼는 것에 관한 긍정적인 연구가 많다. 그러나 나와 같이 자기 연민에 중독된 사람들의 끝은 자살이다. 자기 연민은 강한 피해의식이 있어야 하기 때문이다. 피해의식은 나의 행복을 받아들이지 못한다. 나는 그럴 수 없는 사람이라는 확신을 해 버리기 때문이다. 더 나은 미래를 생각할 수 없다. 이러한 자기 연민은 나를 파괴하는 괴물이 되는 것이다. 나 역시 두 번의 자살을 시도했으며 늘 죽음을 꿈꾸며 살았다. 조금의 힘듦이 찾아오면 죽으면 편하겠다는 생각이 거침없이 떠올랐다. 불쌍한 내가 편해지는 방법이 자살이라 생각했다. 죽어도 상관없는 삶이라 생각했다. 아니 살아있어야 할 이유가 없었던 것이다. 하루하루 열심히 살기만 했기 때문에 오늘만 살면 끝이라는 생각이 지배적이었다. 많은 사람이 자살한다. 자신의 신세가 너무나 개탄스럽다.

자기 연민을 위해 '자기 파괴욕구'가 강해진다. 프로이트는 인간의 기본 욕구 세 가지 중의 하나로 자기 파괴 욕구가 있다고 했다. 타인을 향해 비난받을 만한 일을 함으로써 그들이 나를 공격하게끔 만드는 것이다. 타인에게 적대적이거나 해를 끼친다. 갈등을 일으키는 등 많은 잡음을 만들어 낸다. 자신의 공격은 타인에게 비난과 공격을 당하기 위한 것이며, 공격을 당했을 때 희생자가 되고 타인에게 모욕을 받으며 진정한 자기 연민에 빠지게 된다. 너무나 무서운 심리장애다.

어느 유튜버가 책을 쓰면 성공한다고 외치는 영상을 보았다. 책을 쓴다는 것은 아무나 할 수 없다는 생각을 가졌던 나는 그저 성공한 사람의 외침을 듣기만 해도 재미는 있었다. 내가 읽었던 책을 그 유튜버가 소개해주기도 했다. 이해하지 못했던 내용을 그 유튜버의 설명으로 조금씩 알게 되면서 자주 그의 영상을 찾아보았다.

그는 작가였으며 그의 책들을 찾아 읽어보았다. 너무나 가난했던 유년 시절 아버지의 죽음, 무스펙, 신용불량자가 그의 스펙이었다. 그러나 그는 꿈을 가졌고 희망을 버리지 않았고 자신을 믿었다. 그는 성공했으며 많은 사람을 위해 자신이 희생하며 얻게 된 지혜를 나누고 있었다. 그분의 삶을 읽는 순간 나에 대한 '연민의 정'이 부끄러웠다. 나를 연민한다는 것이 얼마나 커다란 사치인가를 느끼게 됐다. 그는 기도로 원하는 것을 모두 받았으며 이루었다고 했다. 종교를 초월하는 하나님께 기도하는 법을 영상에 올렸다. 돈이 드는 것도 아니니 그의 기도를 따라 해보았다. 나는 무엇을 위해 어떻게 살아야하는 것인지 몰랐기에 그 답을 위한 기도를 했다.

의도하지 않은 그의 특강을 자석에 이끌리듯 참석했고 그의 강의들을 빠짐없이 들었다. 어떻게 살아야 한다는 목사님의 설교 같은 가르침은 없다. 자연스럽게 내가 변해가고 있었다. 꿈이 생기고 나에 대한 믿음이 생기기 시작했다. 나를 연민하는 습관이 사라졌다. 순간순간 익숙했던 불안하고 불우한 부정적 감정에 빠지기도 했다. 그러나 그 순간 알아차리는 지혜가 생겨나는 것에 즐거움이 생겼다. 배움의 즐거움인 것이다. 책을 쓰면서 회피했던 나를 정면으로 볼 수 있게 됐다. 그리고 내 마음에 커다란 병이 있음을 알게 됐다.

당신은 잘 버티고 잘 살아냈고 아주 건강한 마음으로 살아내고 있다. 그러나 아픔이 있었다. 내가 만든 공간이 사라지는 고통을 맛보았다. 혼자서 이겨냈다는 것은 스스로 모든 것을 억눌러 놓았다는 것이다. 자신은 증세를 느끼지 못할 수도 있다. 자신도 미처 알지 못하는 자기 연민의 독에 취한 사람들이 많이 있다. 나처럼 나의 병을 자각하지 못한 채 오랜 세월을 심리장애로 살지 않기를 바란다.

이혼은 당신에게 행운을 가져다준 기회

인터넷에서 '이혼 후 더 잘나가는 연예인'이라는 기사를 보았다. 참 많은 연예인들이 이혼을 했구나 싶었다. 평소 텔레비전을 잘 보지 않으며 인터넷 기사도 보지 않던 터라 결혼한 지도 몰랐던 연예인도 이혼한 상태였다. 가십거리로 재미있게 보았다. 그러다 문득 그 기사에 난 연예인들은 이혼으로 인해 더 큰 행운을 받은 것이구나라고 생각했다. 그리고 '나는? 나는 이혼으로 어떤 행운을 얻었을까? 아니면 이혼으로 있던 행운마저 잃어버린 것일까?'를 생각해보았다. 나의 이혼 후 행보를 생각해보면 나는 행운이 가득했던 사람이었다. 결혼생활 당시 어떤 꿈을 꾼다는 것은 너무나 벅찬 것이라 느꼈다. 어떤 희망을 가질 만큼 정신적 여유가 없었다. 방법도 몰랐다. 하루하루 살아내기 바빴다. 우물 안의 개구리처럼 살았던 시절이었다. 길을 가다 "와! 저 아파트 너무 좋다. 우리도 저 아파트로 이사 가자"라고 하면 "어떻게?"라며 현실을 직시하게 만들어주었다. 어떤 희망을 가지기에는 남편은 많이 지쳐있었던 것이었다. 지금 생각해보면 남편과 나는 이야기는 도란도란했지만 삶에 대한 대화는 나누지 않았던 것 같다. 미래에 대한 답답함이 턱까지 차올라 있었던 남편의 마음을 난 전혀 알지 못했다.

첫 결혼생활 동안 미술학원, 입시논술학원 강사로 10년을 일했다. 다른 일에는 전혀 관심이 없었다. 별거 기간 동안 돈이 필요해 골프장에서 캐디로 아르바이트 정도가 나의 직업적인 외도였다. 아마 이혼을 하지 않았다면 나는 작은 미술교습소 원장이 됐을 것이다. 남편과 공부방을 준비하려는 때 우리 부부에게 위기가 왔다. 이혼하고 10년을 떠나 있던 부산으로 왔다. 미술학원에 이력서를 넣었지만 모두 거절당했다. 나이가 많다는 이유였다.

나는 완전히 새로운 일을 하기로 마음먹었고 일할 수 있는 것에 감사했다. 앞에서 여러 번 언급했듯이 체형관리숍 상담실장이 될 수 있었다. 고객들을 상담하고 설득을 하고 돈을 쓰게 만드는 일이 너무나 재미있었다. 체중조절이 안 되는 경우 나에게 심하게 항의하거나 환불을 요구하기도 했다. 나는 힘들고 까다로운 고객을 설득하는 과정이 너무나 즐거웠다. 그들을 끝까지 잘 끌어가기 위해 처음 접하는 새로운 공부를 할 수 있어서 매일매일이 즐거웠다. 학원가에서 일할 때 느끼지 못했던 전율을 느꼈다.

기억에 남는 여러 고객 중 이화여대 재학 중인이었던 여대생이 떠오른다. 그 학생은 한 번도 날씬한 적이 없었다고 했다. 그 여학생이 원하는 몸무게를 제시했다. 나는 건강을 해치는 정도의 감량은 절대 타협하지 않았다. 그 학생의 몸을 구석구석 체크했다. 인바디검사와 식습관, 체질 등 꼼꼼한 설문조사를 했다. 그리고 나는 솔직하게 원하는 만큼 감량은 못한다고 말했다. 여학생은 무조건 자신이 원하는 만큼 감량해 줄 것을 요구했지만 방학이라는 짧은 기간 동안 그것은 불가능했다. 나는 관리를 거절했다.

다음날 어머니까지 오셔서 부탁하셨고, 나도 그 여학생도 조금씩 양보했다. 2주 동안 1kg 감량 이후 아무런 변화가 없었다. 그 여학생은 매일 식단일기 생활계획표를 가지고 왔고 체중에 변화가 없는 것에 대해 조목조목 따져 물었다. 나는 그녀의 잘못된 식습관을 고치도록 주문했다. "이렇게 해서 안 되면 어떻게 하실 거예요?"라고 그녀가 쏘아 물어보면 "감량하고 싶은 거예요? 감량 못해서 환불 받기를 원하는 거예요?"라고 대답했다. 그녀는 "당연히 감량을 원한다"라고 했고, "나도 환불 보다는 고객이 만족하셔야 월급 받겠죠? 그러니 믿고 따라오면 안 될까요?" 이런 문답이 3주 동안 매일 반복됐다.

그 여학생은 평생 체중감량의 경험도 없었으며 소아 때부터 통통했다. 그녀를 관리하던 때 참 많은 공부를 했었다. 이화여대생의 인정을 받고 싶었던 것도 한몫했다. 매일 상담을 했고 그 여학생은 나를 믿어야 하는지 불신해야 하는지 혼란스러워했다. 나는 자신 있었다. 그런 막연한 느낌이 강하게 왔었다. 최대한 많은 책과 자료를 구해서 공부했다. 3주가 지난 시점 관리실 안에서 비명이 들려왔다. 상담 중 너무 놀라 들어가 보니 그 여학생이 난리였다. "실장님 3kg 빠졌어요!" 나는 속으로 비명을 질렀지만 태연한 모습으로 "된다고 했잖아. 절대 욕심내지 말고 식단 유지해요. 굶으면 도루묵 되니까. 알았죠?" 나는 그 여학생의 마시는 음료까지 지정해줄 만큼 열의에 차 있었다. 그녀는 나와 관리하는 동안 6kg을 감량했다. 중학교 때 이후 처음 보는 몸무게 숫자라고 했다. 45일을 나도 많이 긴장했고 애태웠다. 그러나 성공했으며 기뻤다. 내가 해낸 것이 아니다. 그 여학생이 나를 믿고 따라와 주었기 때문에 가능했던 것이다. 나는 그 여학생의 마음을 알아주고 다독여주고 야단도 치면서 끝까지 끌고 가는 것만 했을 뿐이었다. 여학생은 마음고생과 살이 빠지면서 일어나는 신체적 반응으로 너무나 고생했었다. 그러나 참고 잘 따라와 주었고 원하는 몸무게를 가질 수 있었다. 기특했다. 많은 고객과 이러한 씨름을 매일 했다. 그러나 단 한 번도 힘들다는 마음을 가진 적 없었다. 그때 비로소 나에게 잠재되어 있던 새로운 능력을 발견하게 됐다.

체중을 감량한다는 것은 단순히 숫자만 내리는 것이 아니다. 체질이나 환경에 따라 달라져야 한다. 체중감량으로 건강이 나빠져도 안 된다. 감량 후 급격한 체중 증가를 예방해야 한다. 상담에서도 이끌고 가야 한다. 여러 가지 공부를 할 수밖에 없었다. 그 당시 보던 많은 책 중 대체의학에 관한 책이 유독 나의 눈길을 끌었다. 전문적인 공부를 하고 싶어 여러 선생님께 자문을 구하기도 했다. 그리고 모 대학원에 진학을 결심하게 됐다.

이맘때 나는 재혼한 남편과 연애 중이었고 얼마 지나지 않아 결혼했다. 대학원 진학도 미룰 수밖에 없었다. 주말 부부로 2년을 지냈다. 주말이면 남편이 있는 곳으로 가야 했으며 월요일 새벽 일찍 부산으로 출근을 했다. 평일은 밤 10시가 넘어야 일이 끝났다. 그러나 나는 일에 빠져 매일매일이 행복했다. 대학원 진학이 늦어지는 것이 나는 초조했지만, 어느 정도 결혼생활이 안정이 되면 꼭 도전하겠다고 생각을 품고 있었다.

주말 부부로 지내기를 힘들어하던 남편은 부산으로 전출을 신청했다. 함께 생활을 하면서 퇴근 시간이 늦은 나에게 불만을 가졌다. 함께 여행을 가기에도 시간이 맞지 않았다. 공부가 미루어지는 것에 조급증이 났다. 남편에게 대학원 이야기를 꺼냈다. 10년 전 대체의학 공부를 지원해줄 남편은 없었을 것이다. 남편은 공무원 시험 준비를 권했고, 다음 날 책을 가득 사왔다. 나는 남편의 강요에 의해 퇴사를 했고 원하지 않는 공부를 했다. 재혼을 잘 보내고 싶었기 때문에 가급적 나의 고집을 내세우지 않고자 했다.

성급한 재혼 덕분에 나에게 온 첫 행운은 그렇게 보내야 했다. 그것은 나의 잘못된 선택이었기에 누구에게도 원망은 없다.

이혼이라는 것을 하지 않았다면 새로운 것에 도전할 생각을 할 수 없었을 것이다. 모든 것을 잃어버린 후에 새롭게 시작할 수 있는 용기가 생기게 된다. 먹고 살 거리에 대한 급급함에 어떤 것도 따지고 계산하지 않았다. 주어진 일에 죽기 살기 매달린 덕분이었다. 그렇게 목숨을 걸 수 있었던 것도 아픈 시간을 겪으면서 자라난 마음이었다. 어차피 죽으려 했던 마음이었기 때문이다. 비록 원하는 것은 이루지 못했지만 너무나 기특한 3년을 보냈다. 그 시간이 나에게 또 다른 행운을 가져다주었다.

두 번째 이혼 후 3년 동안 상담실장으로 일한 경력 덕분에 친구 남편의 직원으로 일할 기회를 얻었다. 보청기 센터 실장의 일을 시작했다. 너무 생소한 일이었지만 '잘할 수 있을까? 못하면 어떻게 하지?' 이런 생각을 가질 여유가 없었다. 무조건 해야만 하는 일이었기 때문이다. 실적이 부진하던 기간에는 퇴근 후 간호조무사 자격증 취득하기 위해 공부하고 실습했다. 이렇게 하나하나 새로움에 도전하면서 자신감이 생겼고, 자만심도 함께 자라났다. 자만심 덕분에 또 많은 것을 잃어야 했다. 나에게 준 행운을 가질 자격이 되었는지 시험을 하시는 듯했다. 내가 우둔하고 미련하고 때가 아님을 아실 때 모든 것을 빼앗아가신다. 그리고 힘듦 속에서 나를 찾게 하신다. 또 다른 삶의 고통에 힘겨워할 때 나는 작가가 되는 꿈을 가질 수 있었다. 책을 쓰면서 나는 많은 치유의 시간을 가질 수 있었으며 내가 가진 프레임을 벗어날 수 있었다. 이제는 어떤 시련이 오더라도 기쁘게 받아낼 지혜가 생긴 것이다.

이혼은 어떤 아픔에 비유할 수 없다. 그러나 꼭 해야만 하는 이혼이었다면 이후 받게 될 행운에 집중하기를 바란다. '시련 없는 행복은 없다'라는 말은 결코 지나쳐서는 안 된다. 당신이 받게 될 행운을 오롯이 당신 것으로 만들기 위해 늘 감사하길 바란다. 당신이 받은 행운을 잘 사용하기 위한 지혜를 갖추기 바란다. 많은 책을 보기 바라며 긍정적인 마음으로 살아가길 바란다. 나처럼 당신의 아픔을 잘 치유해서 다른 사람들을 치유해 줄 수 있는 능력을 가지게 될 것이다. 당신에게는 멋진 스토리가 생긴 것이니 기쁘게 받아들이길 바란다. 당신은 결코 혼자가 아님을 다시 강조한다.

이혼을 실패로 취급하는 환경을 벗어나라

재혼 당시 주변 사람들은 내가 초혼이라고 생각을 했다. 그 당시 직장 상사였던 교수님은

"가 보고 아니면 오면 돼. 환영해줄게"라고 결혼에 대해 고민하던 내게 말씀하셨다. 쉽게 결정하라는 것은 아니지만 너무 힘들면 돌아오라는 말씀이었다. 교수님은 재혼한 남편의 성격을 미리 보셨나 보다. 결혼했으니 무조건 잘살라는 조언보다 더 큰 힘을 주셨다. 결혼생활을 하는 동안 많은 충돌이 있었다. 나보다 남편은 결혼생활을 유지하려는 노력을 더 많이 했었다. 내가 조금이라고 지혜로운 사람이었다면 우린 제법 잘살 수 있었다. 말도 안 되는 과거에 마음이 갇혀 남편에게 친절하지 못했던 날을 진심으로 반성하고 사과하고 싶다. 이혼 후 아파트에서 나오지 않았다. 혼자 갇혀서 살았다. 마음이 진정되고 친구를 만났다. "3개월 전에 이혼했

다." 친구는 많이 섭섭했을 것이다. 한 번도 우리 부부의 문제를 이야기 나누지 않았고 갑자기 이혼했다고 했으니. 다행히 나의 주변에는 나를 위축시킬 사람들이 없었다. 인간관계가 친구와 부모님 뿐이었기 때문이다. 가끔 남편 직원 부인들과 어울리다 보면 어느 집 이혼 이야기가 들리면 온갖 추측과 말들이 많았다. 남편이 부산으로 전출을 왔기 때문에 그 부인들의 눈치를 볼 일도 없었다. 직장에서는 아직도 나는 결혼생활을 하는 유부녀라고 알고 있다. 누군가가 이혼녀라고 수군거릴까 두려운 마음이 있었기 때문이었다.

가끔 안부를 전하는 친구가 이혼했다는 소식을 들었다. 남편의 도박과 외도로 이혼을 요구 했지만 늘 각서를 쓰고 용서를 구했다고 했다. 그러나 이혼을 피하고 나면 다시 도박에 빠졌고 외도를 했다. 그 친구는 더는 용서를 할 수 없다고 판단을 내렸고 이혼을 선택했다고 했다. 남편의 집은 서울이었다. 이혼 후 경기도에 자리를 잡았다. 아이들이 어려서 매주 만나야 했기 때문이라고 한다. 이혼을 친정에 알렸을 때 부모님은 "남자가 살다 보면 그럴 수도 있는 것이지! 애들도 어린데 이혼하면 어떻게 해"라며 딸을 원망했다고 했다. 과거에는 첩을 두는 것도 당연했고 어느 집 남편 노름한다는 소리도 쉽게 들었다. 아내는 그런 망나니 남편을 대신해서 가정을 지키고 아이들을 키워냈다. 그런 어른들의 사고방식에서 이혼을 한 딸은 결코 달갑지않으신 것이다. 자신이 살겠다고 어린 애를 버리고 나온 무정한 엄마 취급을 해버리신 것이다. 친구는 몇 년을 친정과 연락을 끊고 지냈다. 이혼한 처지는 같았으나 친구는 갈 곳이 없어진 것이다. 더 외롭고 슬픈 날을 보냈을 것이다. 바람에 날릴 듯 가녀린 친구가 대단하다고 생각했다. "나는 실패한 것이 아니야. 내가 잘살아야 애들도 더 좋다고 생각했어." 친구는 씩씩했다.

10년 넘게 친하게 지내는 언니가 생각이 났다. 언니는 부부관계가 좋지도 나쁘지도 않다. 서로 관심이 없어 보였다. 부부관계는 알 수 없는 것이다. 늘 형부에 대한 불평과 불만이 많았다. 친정만 있었어도 이혼했다고 했다. 언니는 조금 방황하는 것 같았다. 마음이 외로운 것이었다. 형부는 조용하고 타인에게는 좋은 사람이었지만 남편으로는 좋은 사람은 아니었다. 함께 점심을 먹다가 "언니 애도 다 컸고 이혼하고 연애라도 실컷 하지?"라고 물어봤다. 언니 부모님은 돌아가셨고 돌아갈 친정이 없어서 이혼하면 혼자가 되는 것이 싫다고 했다. "내 친구는 친정이 있어도 워낙 아버지가 고지식해서 못가는데. 그거랑 다를 게 있나?" "친정이 있어서 안 가는 것과 친정이 없어서 못 가는 것은 차이가 크지. 그리고 동생들이 불편해 할 거야." 그때 언니 말이 나는 이해가 되지 않았다.

한 달에 한 번은 가족모임을 가진다. 이혼을 두 번 했지만, 동생은 나에게 어떤 말도 하지 않았다. 이혼 후 돈벌이가 나쁘지 않았고 부모님과 여행을 다니는 누나가 부담스럽지 않았기 때문이라 생각한다. 또다시 인생의 전환기를 맞이하게 됐다. 퇴사하고 직장이 사라진 나는 가족들에게 불안해 보였을 것이다. 술을 한잔 마시고 각자의 집으로 돌아가는 길에 남동생은 나에게 "누나는 실패한 거다"라고 했다. "하지 말아야 할 결혼을 해서 부모님 마음을 아프게 했다"라며 나의 결혼을 비난했다. '동생이 이제껏 한 번도 꺼내지 않았던 말을 지금 너무나 불안하고 힘든 때 하는 거지?' 속으로 생각했다. 며칠 동안 그 말이 머릿속에서 맴돌았다. '이혼한 누나가 갑자기 사정이 힘들어지니까 나의 삶을 비난하는 것인가?' 하는 생각이 들었다. 부모님이 계시고 내가 잘살고 있으니 만날 수 있는 것이었다는 생각이 들면서 언니의 마음을 조금 알게 됐다. 어딘가에 소속되지 못하는 사람은 홀로서기가 너무나 힘겨운 것이다. 나의 홀로서기란 진정한 혼자가 아닌 것을 알게 됐다. 그리고 제주도로 떠나왔다. 다시 일어나지 못한다면 나 스스로 실패한 것이라 인정할 것 같았기 때문이었다.

내가 이혼녀라는 사실을 모르는 사람들과 모임을 가지면 가끔 주제가 연예인들의 이혼 얘가 많이 나온다. 어떤 이유로 이혼을 했던 곱지 않은 말들이 판을 친다. 여자의 적은 여자라는 말이 확신이 들 만큼 비난을 한다. 그런 자리에 앉아 있을 때면 나는 너무나 지쳤다. 이 자리에 있는 여자들에게 내가 이혼녀라고 말한다면 이 분위기 어떻게 될까? 하는 생각을 자주 했다. 저런 비난을 나도 예전에 심하게 했었다. 자신에게 일어나지 않으면 결코 알 수 없는 이혼의 세계인 것이다. 무 자르듯 자를 수 있는 인연이라고 생각했었다. 밉던, 곱던 한 공간에서 함께했던 시간을 정리하는 사람은 얼마나 많은 상처와 고통을 받는지 알 수 없다. 내가 아이를 낳아보지 않아 출산의 고통을 모르는 것처럼. 육아의 고통을 알 수 없는 것처럼. 나는 이혼을 모르는 사람들 속에서 다시 좌절감을 맛보아야 했다. 그리고 그 모임에는 더는 참석하지 않았다. 이혼하면 잃는 것이 너무나 많다. 잃어버림이 두려워 다들 주저하는 것이다. 나는 혼자 있는 시간을 잘 보낸다. 그런 성질 덕분에 주변에 사람이 없다. 한때는 내가 잘 못 살고 있다는 생각도 했지만 내가 누군가에게 좋은 친구가 되어줄 힘이 생길 때까지 의지하고 위안받을 생각을 하지말자고 다짐했다.

처음 책을 쓰기로 했을 때 주제를 이혼으로 하고 싶은 마음은 없었다. 이혼녀인 것을 밝힐 마음도 없었다. 그러나 부끄럽고 숨기고 싶은 나의 이혼 이야기가 누군가에게 작은 용기라도 줄 수 있겠다는 생각을 했다. 처음 글을 쓰기 시작할 때 나의 이야기를 쓰는 것이 힘들었다. 주변에 나의 이야기가 알려지는 것이 두려웠다. 그러나 나는 이제 이혼을 결코 실패로 보지 않는다. 용기를 가질 수 있음에 감사한다. 책을 쓰면서 알지 못했던 나의 심리장애를 알 수 있었다. 세상을 얼마나 협소하게 바라보고 살았는지 알았다. 내가 얼마나 큰 행운들이 왔었는지도 알았다. 다른 사람들이 눈에 들어오고 그들의 다름이 편하게 보였다. 응원을 받는 곳에서 받는 긍정의 힘은 이렇게 크다. 이혼을 부정적으로 평가하고 비난하던 그 모임에서 나오는 것을 주저하고 머물렀다면 나는 계속해서 자책해야 했을 것이다. 나를 더 비관했을 것이다.

이혼을 긍정적으로 생각하는 사람이 있듯 부정적으로 생각하는 사람이 있다. 아무리 오랜 시간을 함께한 사람이라고 할지라도 나를 위축되게 만드는 사람들 속에서 더 큰 상처를 키울 필요는 없는 것이다. 설령 당신이 유책 배우자라고 하더라도 당신의 이혼을 비난받을 이유는 없는 것이다. 그렇게 될 일이었음을 인정하자. 다만 유책 배우자던, 피해받은 배우자던 함께 보냈던 귀한 시간을 인정하고 당신이 선택한 결혼생활은 부정하지 않기를 바란다. 결혼생활이 어떤 형태의 것이었던 당신의 귀한 시간이다. 나는 두 번의 결혼생활을 부정했고 불행했다고 늘 말하고 다녔다. 과거의 기억이란 결코 완벽하지 않다. 내가 기억하고 싶은 것만 하게 되는 것이다. 분명 그 시간 속에서 웃었던 날도 있다. 행복을 느낀 시간도 있다. 함께 밥을 먹을 사람이 있었다는 이유만으로도 충분히 즐거운 시간이었다.

당신의 이혼을 실패로 취급하는 환경 속에서는 결코 당신은 회복이 될 수 없다. 당신은 주홍 글씨를 가슴에 달고 살아야 하는 죄인이기 때문이다. 주홍 글씨를 붙이고 당신이 할 수 있는 것은 어떤 것도 없다. 당신이 가진 무한한 능력은 빛을 낼 수 없다. 이혼은 누구의 잘못으로 규정지을 필요도 없다. 지금이라는 시간에서 너무나 빨리 지나가 버릴 미래를 더 긍정적으로 바라보고 준비한다면 상대적으로 당신의 과거의 불행은 질량이 낮아진다. 과거의 좋았던 기억에서 머물지도 말아야 한다. 더 멋지고 행복한 미래를 어떻게 만들 것인지만 생각을 해야 한다. 결코 쉽지 않다. 머리와 마음의 거리가 얼마나 먼 것인가를 느끼게 되기 때문이다. 당신을 응원하고 따뜻하게 위로받을 수 있다면 힘든 시간은 빠르게 회복될 수 있다.

당신은 지금 충분하게 아름답다

　　오랜 결혼생활을 하는 동안 엄마로 아내로 살면서 자신이 여자임을 망각하는 사람들이 많다. 나 역시 10년의 결혼 생활을 하면서 여자라는 생각보다 아내였고 며느리였으며 학원선생이었다. 연애 당시 나는 168cm의 키에 몸무게는 54kg 정도인 날씬한 여자였다. 예쁜 얼굴은 아니지만 밉지는 않았다. 결혼생활 동안 남편을 남자로 여기지도 않았고 사랑을 추구하지 않았기에 외모를 꾸미는 것에는 관심이 없었다. 늙은 시아버지와 시간을 많이 보내었기에 편한 트레이닝복 차림이 대부분이었다. 대학 동창을 오랜만에 만나 동창의 골프연습장에 방문한 적이 있었다. 친구의 골프를 가르치던 프로는 친구에게 "이모야?"라고 물었다. 그때 나의 모습은 체중 75kg 다다른 망가진 아줌마의 모습이었다. 옷차림도 펑퍼짐한 티셔츠에 통 넓은 청바지 차림이었다. 반면 나의 친구는 꾸준히 몸매

관리를 해온 터라 여느 아가씨들보다 더 멋지고 세련된 외모를 빛내고 있었다. 결혼생활 동안 나는 전혀 나를 돌보지 않았다. 남편 역시 룸메이트인 나에게 성적 매력을 느낄 수 없었을 것이다. 시아버지가 돌아가시고 남편과의 관계가 나빠졌으며 별거를 한 후 체중은 급격히 줄었다. 그리고 모습도 초췌해졌다. 거울 속에 야위고 표정이 어두운 노인 같은 여자가 있었다. 그런 모습을 보며 나는 더 마음의 병이 깊어졌다. 나를 미워했으며 나라는 사람이 너무나 부끄럽다는 생각을 했다.

이혼 후 아버지의 권유로 엄마와 단식원에 들어갔다. 먼 친척이 하던 단식원은 지리산 자락에 위치해 있었다. 단식원 주위는 소음이란 것이 존재하지 않을 만큼 고요했다. 굶으면 다른 고민거리가 없어진다. 아니 할 수 없다. 배가 고파서 다른 고민거리들은 둘째 문제가 됐다. 그 순간의 고통은 단절이 되기에 더는 마음이 정신이 피폐해지는 것을 막을 수 있었다. 2주의 단식원 생활이 끝나고 음식을 먹을 수 있다는 행복에 나는 더는 고통을 받지 않고 생활할 수 있었다.

엄마와 매일 산을 다녔다. 단식 후 음식 관리가 아주 중요하기 때문에 음식들은 까다롭게 선별해서 먹어야 했다. 그렇게 몸과 마음에 평화가 왔다. 168cm 키에 52kg 몸무게를 유지하며 세련된 옷을 입었다. '체형관리숍' 실장으로서 나를 더욱 관리하기 시작했다. 재혼한 남편은 나의 외모를 매우 만족해했으며 난 그 외모 때문에 재혼을 할 수 있었다고 생각한다. 두 번째 결혼생활 동안은 꾸준히 나를 가꾸었다. 그러다 남편의 강요 비슷한 권유로 공무원 시험 준비를 하게 됐다. 나를 관리할 시간도 없었다. 시험준비 기간 동안 남편과 나는 심한 갈등을 겪었고 이혼을 하게 됐다. "못 알아보겠어. 왜 이렇게 된 거야." 보는 사람마다 처음 건네는 말이었다. 재혼 전 나를 보았던 지인들은 나를 알아보지도 못할 만큼 다시 늙어버린 것이다. 다행히 일자리가 생겨 나를 돌볼 수 있는 시간이 빠르게 왔다. 외롭지도 않았다.

이혼에 관한 책을 쓰면서 이혼한 사람들의 모임인 '인터넷 카페'에 가입을 해봤다. 많은 이혼사례를 듣고 싶었고 이혼한 사람들을 좀 더 이해하기 위해 가입한 것이다. 나의 사진과 프로필을 올린 지 5분이 지나기도 전에 여러 남자의 쪽지를 받았다. 달콤한 말로 연락을 하며 좋은 인연을 만들자는 사람도 있다. 자신의 외모를 과시하며 접근하는 사람도 있다. 나의 외모와 진실인지 아닌지도 모를 프로필을 보고 열심히 작업을 걸어온다. 가난한 작가라고 했더니 모르는 나에게 도움을 주고 책임져주고 싶다는 사람도 있었다. 내가 가입한 목적을 밝혔고 그들의 다양한 이혼 이야기를 들을 수 있었다. 이혼을 이야기 하다 보면 별별 사연들을 쏟아 놓는다. 누구도 자신의 문제는 인식하지 못하고 상대 배우자에게 상처받았다는 이유뿐이었다.

이혼한 사람들의 모임의 장소인 이런 카페에서는 얼굴을 보기도 전에 이혼이라는 공통된 관심사를 가지고 있다. 자신을 이해해주는 상대에게 자신도 모르게 동질감을 가지고 친밀감도 가지게 된다. 의심의 마음이 사라지고 착하고 좋은 사람이라며 자신이 생각하는 이상형으로 상대를 인식하기 시작한다. 그리고 만남을 가지게 된다. 아주 위험한 행동인 것이다.

좋은 인연을 만나고 싶은 사람들, 외로운 사람들의 모임이다 보니 다른 모임에 비해 만남이 아주 빈번히 일어난다. 한 명 한 명을 소개받거나 신중하게 만나지는 곳이 아니다. 여러 사람을 만날 수 있게 되고, 여러 사람을 동시에 비교하게 된다. 그렇기에 한 사람을 선택해서 안주하기는 더욱 어려운 곳인 듯했다. 물론 좋은 인연을 만나 행복하다는 사람도 있지만, 극히 일부의 이야기다.

프로필의 질문 내용 중 마음에 드는 상대를 만났을 때 빚이 천만 원이 있다면 대신 갚아줄 의향이 있냐는 질문이다. 남성들은 대부분 갚아줄 의향을 내보인다. 경제적 어려움을 겪는 여성들은 너무나 반가운 말일 수밖에 없다. 접근하는 남성들은 여자의 직업 유무도 상관이 없다고 한다. 핑크빛 행복을 줄 수 있다는 거짓 공약을 남발한다. 누구도 100% 배우자의 잘못으로 이혼한 경우는 없다. 그런 것들을 생각하는 신중함이 없다. 많은 이혼한 싱글들이 외롭다고들 외친다. 여자는 사랑을 원한다. 남자는 사랑이라는 감정을 알 수 없다. 좋다는 기분을 가지고 싶어 몸살이 나 있다.

이혼 경험 없이 오랫동안 싱글이었다는 사람이 나에게 장문의 글을 보냈다. 카페에서 나의 프로필을 보았고 큰 키가 너무나 마음에 든다고 했다. 마음에 드는 한 여자도 있었지만 그 여성은 아이가 있었으며 재혼을 원하는 여자였다고 했다. 나는 무자녀라고 적어 두었기 때문에 마음이 더 끌렸다고 했다. 만나자고 하면 부담스러울 테니 전화 통화를 하며 서로를 알아가자고 했다. 나는 문자로 서로 알아가다가 신뢰가 생기면 통화하겠다고 했다. 자신은 목소리를 들어야 신뢰가 생긴다고 했다. 각자 전화번호를 교환하고 몇 시간을 통화해 봤다. 자신은 인문학 교수이며 결혼을 하려던 사람이 있었으나 서로 합의 하에 나쁘지 않게 관계가 정리되었다고 했다. 자신은 이해심이 많으며 무조건 상대방에게 배려하는 사람이라고 했다. 나에게 원하지 않는다면 집착하지 않을 것이라며 안심시키면서 대화를 주도했다. 나는 작가이며 심리학을 전공하고 있다고 했다. 자신은 나를 도울 수 있다는 것을 강조하면서 동질감을 얻어내려고 노력을 했다. 자신의 화려했던 과거들을 이야기했다. 호감을 가질만한 많은 이야기를 했다. 나와 함께 여행도 가고 싶다고 했다. 선물하고 싶다는 말도 했다. 제주에 사는 나에게 원한다면 제주에서 함께 지내고 싶다는 말도 했다. 자신에게는 넉넉한 재산이 있다는 것도 넌지시 흘렸다.

그렇게 대화가 익어갈 때쯤 성적인 이야기가 나왔다. 상대가 원하는 반응을 예상할 수 있었기에 나는 거부감 없이 대화에 응해주었다. 상대의 반응과 목적이 궁금해진 나는 자극적으로 피드백 해주었다. 자신이 원하는 피드백에 목소리는 한껏 들떠 있었다. 자신의 과거 섹스 이야기부터 성적 취향을 여과 없이 풀어놓기 시작했다. 나에게도 성경험에 대해 이야기해줄 것을 요구했다. 직접 만나고 싶지만 자신은 가을까지 참을 수 있다며 다른 이야기로 방향을 돌리는 듯했다. 그러나 다시 성적인 이야기로 돌아와 포르노 비디오를 연상케 하는 이야기들로 즐거워했다. 이야기할수록 나처럼 이야기가 되는 사람이 잘 없다면서 너무 흥분했다. 남들과 너무나 다른 성적 취향을 가진 사람이었다. 자신이 가진 인문학적 지식을 뽐내며 자신은 이상한 사람이 아님을 재차 강조했다. 내가 대화로 도발을 해보았다. 엄청난 자극을 받은 상대는 대화의 수위를 높였다. 그리고 자신의 성적 판타지에 빠져서 보통의 여자들이 차마 들을 수 없을 여러 가지 이야기들을 했다. 그리고 그는 사정을 했다. 그것이 목적인 사람인 것이다.

성적 욕구를 만나서 해결을 하고 싶어 하는 사람도 있을 것이고 이런 방법으로 해결하고 싶어 하는 사람도 있는 것이다. 이런 곳에서 만남을 원하는 많은 남자들의 목적이 섹스인 경우가 다반사라는 말을 하고 싶은 것이다. 사랑이라는 환상을 버리라는 말을 해주고 싶은 것이다. 자신을 돌아보라. 운이 나쁜 자신이 갑자기 '백마 탄 왕자'를 만날 가치가 있는 사람인지. 작은 호의에 내 복이 아님을 알고 겸손히 거절할 줄 모른다면 엄청난 결과를 초래하게 되는 것이다.

당신은 충분히 아름다운 사람이다. 겉모습이 아름답기도 하다. 그러나 당신의 내면은 더욱더 값지고 아름답다. 당신이 알지 못할 뿐이다. 아름다운 당신이 이런 추잡한 욕정으로 가득한 사람들에게서 사랑을 원한다고 생각하니 마음이 아팠다. 물론 마음이 아름다운 사람들의 모임도 있다. 그들을 제외한 욕정에 들끓어 먹잇감을 찾는 심리장애자들에게 노출된 당신은 이혼보다 더 절망적인 나락의 맛을 보게 된다. 외로움을 사람에게서 보상받으려는 마음을 지워야 한다. 이혼이 나의 잘못은 아니겠지만 분명한 것은 내가 이혼할 수밖에 없었던 부족한 부분을 알아내고 공부를 하고 봉사를 해야 한다. 아름다운 곳에서 아름다움을 행할 때 진정한 행복이 오게 된다. 외로움에 대한 갈망이 사라지면 진정한 사랑이 오게 된다. 정말 좋은 인연을 만날 수 있기도 하며 나처럼 아름다운 꿈을 가질 수도 있게 된다. 사랑을 받고자 하면 당신은 더욱더 외로워질 수밖에 없는 것이다. 이혼을 망설이고 두려워만 하다 아무런 준비 없이 이혼을 하게 된다면 이혼 후 더 큰 어려움을 겪게 된다. 어쩔 수 없이 이혼을 선택해야 하는 상황이라면 이혼 후 이런 외로움으로 더 큰 피해자가 되지 않기 위해 자신을 돌아보고 많은 준비를 하자.

한번 사는 인생 제대로 사랑하며 살아라

나는 미대를 다녔다. 실습 시간에는 누드모델이 다양한 멋진 포즈를 취해주기에 좀 더 생동감 넘치는 작업을 할 수 있다. 나의 학교에는 모델이 두 분 계셨다. A모델은 너무나 자신의 일을 사랑하고 자신감 넘치고 당당한 분이셨다. 학생이 어떤 포즈를 고민하면 함께 의논도 해주고 과감한 포즈도 스스럼없이 취해주셨다. 나는 자신의 직업에 상당한 자부심을 느끼는 A모델을 정말 존경했다. 부산에서는 많은 작가들의 러브콜을 받는 모델이셨다. B모델도 프로 모델이셨다. A모델 선생님에 비해 조금은 소극적이었고 예민하고 신중했지만 다정한 성격을 가진 분이셨다. 알몸으로 모델을 한다는 것은 여자들이 목욕탕에서 알몸으로 있는 것과는 너무나 다르다. 학생들은 온몸 구석구석을 빤히 관찰한다. 심지어 코앞에 가서 교수님과 근육의 모양도 연구한다. 정말 어려운 직업이다.

대학 입학을 앞두고 집에서 뒹굴거리고 있을 때면 엄마는 가끔 나를 아르바이트로 고용했다. 가게 문을 열고 예쁘게 생긴 여자 손님이 왔다. 목소리도 조용하니 분위기는 가을을 닮아 있었다. 가게 단골손님이라고 했다. 가끔 아르바이트를 할 때 언니를 종종 만날 수 있었다.

1학기 첫 실습 시간에 B모델이 오셨다. 그 분은 엄마 가게 단골 손님인 가을 닮은 언니였다. 나는 예상치 못했던 의외의 장소에서의 만남이 너무나 반가웠지만 B모델의 얼굴에는 어색함과 거북함이 가득했다. 나는 수업이 끝나고 모델 선생님의 휴게실로 갔다. 나는 반가운 마음 하나뿐이었다. 흥분된 목소리로 "언니"라고 외친 나의 목소리가 너무 컸다. 반가웠던 나와는 다르게 언니는 "엄마한테 나 여기서 모델 한다는 말 하지 마. 엄마 아시면 창피해"라며 웃음기 하나 없는 얼굴로 입단속을 했다. 목소리는 나긋하고 다정했지만 내가 많이 불편한 존재라는 느낌을 주었다. A모델은 자신의 일을 너무 사랑하셨고, B모델은 자신의 일을 창피하다고 했다. 자신이 선택해서 하는 일인데 왜 그럴까 하는 생각을 잠시 했던 날이었다. 이후로 한 학기를 학교에 가지 않은 나는 언니를 만날 기회가 없었다.

중학교를 다니면서 내가 살던 곳은 미군 부대를 끼고 있었다. 업소를 나가는 직업을 가진 분들이 거의 대부분이라 해도 과언이 아니었다. 3시쯤 목욕탕을 가면 온통 출근 준비에 바쁜 언니들이었다. 삼삼오오 둘러앉아 지난 밤 이야기로 왁자지껄했다. 그 시간 이면 엄마의 가게도 바빠진다. 너무 바쁜 날은 엄마가 계셔도 도와 드리러 가기도 했다. 차력하는 오빠들이 다녀가고, '어우동쇼' 하는 언니들이 화려한 무대복을 입고 다녀간다. 멋진 드레스 셔츠를 입은 언니들, 오빠들이 다녀가고 또래의 아가씨들도 다녀간다. 난 특히 '차력쇼'를 하는 아저씨들이 오는 것을 좋아했다. 뭔가 에너지가 넘치고 이상한 기합소리로 웃겨 주기도 했기 때문이다. 언니들의 옷차림을 보면 어디에서 일하는지 알 수 있었다. 해운대 부근의 업소에 나가는 언니들은 좀 더 세련되고 고급스러워 보였다. 쉽게 이야기하면 술집 아가씨들이었는데 뭔지 모를 당당함이 그녀들에는 있었던 것 같다.

우연히 고등학교 동창이었던 말순이를 나의 동네에서 만났다. "야! 말순아, 우리 동네로 이사 왔어?" 나를 본 말순이는 급하다며 다음에 보자는 손짓만 하고 갔다. 일주일이 지나고 말순이가 집으로 전화를 했다. "집에 놀러 가도 되나?" 밤 11시였지만 부모님이 집에 계시지 않았기에 반갑게 맞아주었다. "우리 동네 언제 이사 왔어?", "온 지 한 달 정도", "어느 집으로 왔는데?" 말순이가 이사 왔다는 집은 업소 아가씨들이 사는 주택이었다. 설마 하는 마음에 모른 척했다.

그 당시 나는 재수생이었다. 나의 별스러울 것 없는 학원생활 이야기를 나누다 텔레비전을 보았다. "사실은 온천장에서 일해", 나는 아무렇지 않게 "그래? 어디? 보도방? 술집?" 내가 먼저 말을 꺼내자 편하게 자신의 이야기를 해주었다. 친구는 고등학교를 졸업하고 밴드 보컬을 했다고 했다. 노래를 잘했던 것 같다. 밴드가 운이 좋아 서울에 있는 업소에 고정출연하게 됐다고 했다. 그리고 밴드 리더와 동거를 했으며 다음 해 정식 혼인신고를 해서 부부가 되자고 했다고 한다. 업소라는 분위기가 건전하지 못했고 어울리는 사람들이 다양하다보니 잘 선별해서 만났어야 했다. 한순간의 호기심으로 동거남은 마약에 손을 댔고 약기운에 교통사고로 죽었다고 했다. 참 가슴 아픈 얘기였다.

이후 부산으로 왔고 박봉인 경리직 일을 하기 싫었다고 했다. 그래서 택한 것이 업소였다. 난 직업에 선입견은 없었다. 이왕 시작한 일 열심히 하라고 했다. 돈 잘 버는 언니들은 목욕탕에서도 돈질을 하는데 너는 네가 씻고 홀복도 빌려 입고 돈이나 많이 모으라고 했다. 무슨 이유로든, 어떤 일을 하든 자신의 의지이고 목적이 있다면 상관없다고 생각했다. 가끔 손님이 없는 날은 우리 집에 왔다. 처음에는 잘 버티는 듯했으나 너무 힘들어했다. "돈 만큼의 무게는 네가 감당해야지. 다만 어디 가서 너의 명함 내밀 수 있을 만큼 네가 자신감 가지고 사랑하는 일을 했으면 좋겠다." 이 말을 나눈 이후 말순이는 연락이 없었다.

어떤 언니들은 남들이 손가락질하는 일을 하면서도 당당하게 더 멋지게 사는 반면 어떤 언니들은 이거 아니면 해먹고 살 게 없다는 이유로 늘 불평하며 욕을 입에 달고 굳은 표정으로 사는 모습을 많이 보았다.

알고 지낸 지 5년쯤 되는 지인은 노래주점을 운영한다. 일본 유학파인 그분의 인생도 참 고달팠다. 출산을 못한다는 이유로 쫓겨나오다 해서 이혼을 했기에 가진 돈이 없었다고 했다. 일본어가 가능한 언니는 부산의 유명한 일식집에서 서빙을 할 수 있게 되었다. 언니는 이혼당한 자신을 비관하지 않았다. 뒤돌아보며 아쉬워할 시간이 없었다고 했다. 당장 급해서 사장보다 더 사장님처럼 일했다고 했다. 메뉴 공부도 해서 손님들에게 추천하고, 식사 후 어느 술집이 편하고 좋은지, 근처 노래방 기계와 마이크 상태까지 꿰고 있었다. 일식집을 찾는 일본인 손님은 사장보다 언니를 더 신뢰했다. 부산에 방문하는 달은 꼭 언니가 일하는 식당에서 식사를 했다고 한다. 언니를 찾는 단골손님들이 많아지면서 지배인까지 했다고 했다. 그렇게 악착같이 돈을 모았고 노래방을 인수했다. 한참 노래방이 인기가 많아 더 많은 돈을 벌 수 있었다고 했다. 아직도 그때 일본인 단골들은 부산에 오면 꼭 언니의 가게를 찾는다. 나는 언니의 이야기를 들을 때마다 언니는 자신을 참 많이 사랑하고 믿고 있다는 것을 느낀다.

　사랑의 대상은 이성이 될 수도 있다. 아이가 될 수도 있다. 자신의 일이 될 수도 있다. 자연환경일 수 있다. 어떤 대상이든 사랑을 하기로 했다면 제대로 사랑해야 한다. 제대로 사랑을 한다는 것은 온전히 나를 나 바쳐야 하는 것이다.

　이혼이 죄는 아니지만, 죄가 있기에 이혼을 하는 것이다. 이혼의 원인이 나를 힘들게 하는 배우자 때문일 수도 있다. 내가 원인이 될 수도 있다. 가장 큰 죄는 바르고 좋은 것을 고르지 못했던 나의 안목이다. 나의 죄가 있어 나쁜 배우자도 만나는 것이다. 좋은 과일을 고르는 좋은 안목이 없어 썩은 과일을 골랐다고 과일 가게 사장을 비난할 수는 없다. 썩은 과일에 화를 낼 필요도 없다. 이와 같이 내가 아직 좋은 안목이 없었음이 죄인 것이다. 누구나 끼리끼리 만나게 된다. 주파수가 같아야 끌림이 생기기 때문이다. 내가 질이 우수하다면 질이 좋은 사람을 끌어당긴다. 사람은 사랑을 받고 싶어 한다. 사랑을 받고자 하는 기대가 클수록 실망은 더 큰 법이다. 실망이 쌓이다 보면 원망과 미움이 커진다. 그리고 서로에게 상처를 주게 되는 것이다.

가끔 저 부부는 어떻게 다정할까? '저 여자는 복도 많아. 저 남자는 복도 많아'라며 부러워하는 경우가 왕왕 있다. 그들의 속사정을 들여다보면 우리와 다를 것 하나 없다. 다만 내가 어떻게 상대에게 사랑을 더 줄 수 있을까 하는 마음이 더 크다. 상대가 화를 내면 내가 어떻게 해야 저 사람의 화가 빨리 풀릴까 어떻게 하면 화를 안 내게 할까? 나의 관점이 아닌 사랑하는 대상의 관점에서 바라볼 수 있는 큰마음이다. 노래방 주점을 하는 언니의 사랑의 대상은 자신의 일이었고 일본 고객님들이었다. 일본 유학을 다녀온 엘리트 여자가 서빙이라는 일을 한다는 것은 쉽지 않은 것이다. 그러나 사랑의 대상에게 최선을 다한 것이다. 어떻게 하면 더 즐겁게 머물다 가실 수 있게 해드릴까? 그 마음 덕분에 더 좋은 고객을 만날 수 있었던 것이다. A모델 역시 자신의 일을 진정 사랑했다. 어떻게 하면 더 멋진 포즈로 학생들에게 도움을 줄까? 어떻게 하면 나의 몸이 멋진 작품으로 탄생이 될까? 하며 자신의 사랑을 쏟았다. 남들의 인정을 받고 싶어 하는 것은 당신의 사랑이 온전하지 않아서다. 사랑의 대상에 온전한 마음을 주지 않는다면 남들의 작은 비난에도 부끄럽고 창피해지는 것은 어쩔 수 없다.

이혼이라는 돈으로 따질 수 없는 엄청난 대가를 지불한 수업을 했다면 이제 제대로 깨달아야 한다. 나는 마흔여덟에 스승님 김도사를 만나 제대로 사랑할 수 있는 마음을 얻었다. 이성의 사랑이 필요하다면 제대로 사랑할 수 있는 좋은 사람을 만날 안목이 생겼다. 나의 꿈을 제대로 사랑할 수 있는 마음이 생겼다. 누군가의 사랑을 구걸하지 말자. 나의 사랑으로 원하는 소망이 온전히 내 것이 되도록 하자. 제대로 사랑을 한다면 누군가가 주는 상처는 내 것이 아니게 된다. 상처를 주는 대상마저 사랑하게 되기 때문이다. 당신이 어떤 일을 하던, 누구를 사랑하던 제대로 사랑할 수 있다면 진정한 행복은 당신의 몫이 된다.

이혼할 때 고민되는 것들

제1판 1쇄 | 2021년 1월 5일

지은이 | 조현서
펴낸이 | 손희식
펴낸곳 | 한국경제신문*i*
기획제작 | (주)두드림미디어
책임편집 | 이향선   디자인 | 얼앤똘비악earl_tolbiac@naver.com

주소 | 서울특별시 중구 청파로 463
기획출판팀 | 02-333-3577
E-mail | dodreamedia@naver.com
등록 | 제 2-315(1967. 5. 15)

ISBN 978-89-475-4652-2 (03190)